돌아온 외규장각 의궤와 외교관 이야기
145년의 유랑, 20년의 협상

사
진
출
처

경향신문 211쪽
뉴시스 11쪽
두피디아 99쪽
연합뉴스 19(하), 20, 22, 56, 87, 186, 193, 219쪽
유복렬 32, 67쪽

_이 책에 수록된 사진은 대부분 저작권자의
 사용 허가를 받았으나, 일부 저작권자를 찾지 못한 경우는
 확인되는 대로 허가 절차를 밟겠습니다.

일
러
두
기

1. 외국의 인명, 지명과 외국어 등의 표기는 국립국어원의
   외래어 표기법을 따랐습니다.
2. 본문에 나오는 기관명, 단체명 등은 당시 사용되던 명칭을 사용하였습니다.
   다만 각주에는 현재의 명칭을 따랐습니다.
   예) 외무부(~1998년 3월) → 외교통상부(~2013년 3월) → 외교부(현재)

145년의 유랑, 20년의 협상

돌아온 외규장각 의궤와 외교관 이야기

유복렬 지음

눌와

차 — 례

머리말
마음을 열고 세상으로 나아가다 ······ 6

프롤로그
돌아온 의궤를 만나다 ······ 10

1.
미궁 속의 숙제, 외규장각 의궤

타국에서 만난 우리 보물 ······ 14
한국과 프랑스에 내려진 저주 ······ 18
민간전문가 협상의 시작 ······ 26
서로 다른 견해 ······ 29
계속되는 제자리걸음 ······ 35
장남 대신 차남? 인질 논란 ······ 42
파리에 남긴 아픈 기억 ······ 47
힘들게 얻은 둘째 아이 ······ 51
벽에 부딪힌 협상 ······ 56

2.
북아프리카의 외교관

혹독한 출장 일정 ······ 62
햇빛과 재스민의 나라 튀니지 ······ 72
아찔했던 첫 통역 ······ 77
순발력, 기억력 그리고 체력 ······ 83
정공법으로 돌파한 위기 ······ 90
알제리 대통령의 선물 ······ 94
비르사 언덕을 떠나다 ······ 98

3.
우리는 내줄 것이 없다 내줄 수도 없다

다시 돌아온 파리 ······ 106
새로 부임한 대사 ······ 109
다시 살아난 협상의 불씨 ······ 113

폭탄선언으로 벽을 뛰어넘다 …… 120
돌파구를 찾아서 …… 124
내가 배운 사유의 미학 …… 129
외교관의 식사법 …… 135
건강에 켜진 적신호 …… 139
논리에는 논리로 수다에는 수다로 …… 142
조선기록 문화의 상징, 의궤 …… 146

4.
밀고 당기는 줄다리기 협상

운명적인 파트너 …… 154
무시무시한 마담 상송 …… 163
대통령도 어찌 못한 신념 …… 169
단풍은 물들고, 내 가슴은 멍들고 …… 172
주사위는 던져졌다 …… 180
오랜 저주를 풀다, 두 정상의 결단 …… 185

5.
악마는 디테일에 숨어 있다

고지를 향해 한걸음씩 …… 190
우리는 적이지만 동지였다 …… 195
끝나지 않은 협상 …… 198
마담 상송의 눈물 …… 203

6.
1866년, 1975년 그리고 2011년

한 명의 위인 …… 210
두 명의 은인 …… 215
145년 만의 귀환 …… 224

에필로그
의궤를 뒤로하고 길을 떠나다 …… 228
외규장각 의궤 반환협상 일지 …… 230

foreword

마음을 열고 세상으로 나아가다

요즘 젊은 사람들은 정말 바쁘다. 외국어는 물론 컴퓨터에도 능숙해야 하고, 언변도 좋아야 한다. 춤과 노래는 기본이고, 인맥도 넓어야 하며, 봉사활동에도 적극적이어야 한다. 외모도 호감 가게 가꿔야 한다. 언제 이 모든 걸 다 하는지 그저 감탄스러울 따름이다.

이런 자질들을 빠짐없이 적극 활용해야 하는 직업을 딱 하나만 들라면 바로 '외교관'이 아닐까 싶다. 다만 외교관은 이 모든 것을 국익을 위해 발휘해야 한다. 실제로 주변의 새내기 외교관들은 역사 속에 직접 뛰어들어 일을 해보거나, 국제 인권 문제에 기여해보고 싶다거나 하는 매우 구체적이고도 분명한 청사진을 그리고 있다.

무슨 이유에서인지 종종 외교관이 화려한 직업으로 인식되곤 하지만, 현실은 전혀 딴판이다. 수없이 이삿짐을 꾸리고, 언제 어디로 가게 될지도 알 수 없고, 새로운 기후와 환경에 곧바로 적응해야 한다. 테러나 내전, 쓰나미와 같은 긴박한 상황과 마주할 수도 있다. 외교관으로 첫발을 내딛을 때는 이런 현실적인 고민들을 체감하기 어렵지만, 곧 이 직업과 떼놓을 수 없는 요소임을 알게 된다. 외교관은 투철한 사명감 없이는 견디기 어려운 고단한 떠돌이 인생이다.

그럼에도 불구하고 외교관이라는 직업의 가장 큰 보람은 새로운 나

라에서 새로운 사람들을 만나 새로운 경험을 하는 데서 비롯된다. 나는 외교관으로서는 사뭇 독특한 불문학 박사라는 이력 덕택에 아주 특별한 세계를 경험했다. 바로 10년에 걸쳐 김대중, 노무현 두 대통령의 프랑스어 통역을 하면서 옆에서 지켜본 정상들의 세계다. 정상들이 서로 교감하고 친해지면서 일을 성사시켜 나가는 모습을 보며, 국가 간의 관계도 결국은 사람과 사람이 만나 신뢰를 쌓으면서 발전한다고 확신하게 되었다.

또한 나의 외교관 생활을 숙명처럼 지배해온 거대한 현안, 바로 외규장각 의궤 반환협상을 진행하면서, 이해가 정면으로 대립되는 치열한 협상의 한복판에서도 상대방에 대한 배려와 존중 그리고 신뢰가 모든 일의 기본이라는 사실도 절실히 깨달았다.

외규장각 의궤 반환협상은 정확히 20년이 걸렸다. 오랜 시간 동안 힘겨운 줄다리기를 계속하면서 한국과 프랑스 양국의 대립과 갈등은 점차 심해져, 이 문제는 도저히 풀 수 없는 저주가 되어버리고 말았다. 도대체 왜 약탈해간 문화재를 돌려달라는 지극히 정당한 요구가 받아들여지기는커녕 오히려 약탈 행위를 한 쪽에서 버젓이 주인 행세를 하며 자기들 멋대로 조건을 제시하고 대가를 요구하며 당당하게 나오는 것일까?

이유는 너무나 간단하다. 가진 자가 임자인 것이다. 안 주고 버티는 데 찾아올 도리가 없다. 분통 터지는 일이지만 이것이 현실이다. 아무리 내놓으라고 소리치고, 으름장을 놓고, 정당성을 주장하고 심지어 사정까지 해도, 자기네 국가 소장품이라며 끄떡도 하지 않았다. 참으로 억울한 일이다.

많은 사람들이 이 일에 매달렸고, 해결 방법을 찾기 위해 머리를 맞대보았지만 궁극적인 '반환'은 불가능했다. 결국 숱한 우여곡절과 끈질긴 협상 끝에 실질적으로 우리나라가 계속 소장할 수 있는 '장기 대여'라는 차선책을 택할 수밖에 없었다. 분명 최선책은 아니다. 실망스러울 수도 있다. 하지만 어쩔 수 없이 등 떠밀려 한 선택이 아니다. 우리에게 주어진 여건과 정황 속에서 외규장각 의궤를 받아오기 위해 내린 현실적 판단이었다. 결코 쉽지 않았다. 아니, 몸서리가 나도록 힘들었다. 나는 운명과도 같은 이 업무를 처음에는 의무감으로 시작했지만, 점점 책임감을 느꼈고 나중에는 오기로 매달렸다. 분노하고 절망했고, 안타깝고 외로웠다. 결과가 완벽하지는 않았다. 그러나 후회는 없다.

이 책을 쓰는 일 자체가 어쩌면 내게 꼭 필요한 작업이었는지도 모른다. 너무 몰입하고 매달렸던, 그래서 혹독하게 아팠던 이 어마어마한 현안에서 이제 빠져나올 때가 되었기 때문이다. 내가 만난 사람들, 내가 겪은 순간들 그리고 내가 했던 고민들을 책에 담았다. 거울 속의 내 모습을 고스란히 들여다보는 것 같아 망설이기도 했지만, 내게는 절실한 치유의 과정이었다. 기억을 더듬으며 나 자신과 많은 대화를 나눴다. 가식 없는 대화였다. 수많은 장면들이 스쳤다. 그 속 어딘가에서 지친 모습으로, 그렇지만 쉼 없이 길을 걷고 있는 나를 보았다.

긴 여정에서 딜레마에 빠질 때마다 마음속으로 나 자신에게 던졌던 질문이 하나 있다. 바로 내 딸들이 언젠가 내가 한 일을 짚어보게 되었을 때, 과연 엄마가 정말 잘했다고 여겨줄 것인가 하는 지극히 단순한 질문이다. 가슴 떨리고 긴장되는 순간, 좌절감에 사로잡히는 고비마다 나를 응원해준 가족이 있기에 견뎌낼 수 있었다. 숱한 난제들이 쏟아질 때마다 나는 스스로를 다잡았다. 유능한 뱃사공은 험한 바다에서 태어나는 것이라고.

세상은 넓고 우리가 할 일은 너무나 많다. 그 넓은 세상 속으로 뛰

어들어 보자. 외국어를 배우면 그 나라로 통하는 문의 열쇠를 쥐게 되고, 마음을 열면 세상으로 통하는 열쇠를 갖게 된다. '무지가 용기'라는 말은 사실과 다르다. 끊임없이 자신을 연마하고 다양한 경험을 통해 시너지를 만들고, 그렇게 나만의 무기를 갖춰야 용기를 얻을 수 있다. 그 용기야말로 흐르는 물줄기가 되어 앞을 다투지 않고 꿋꿋하게 더 큰 세상을 향해 나갈 수 있는 힘이다.

    이 책을 쓰면서 굳이 지금까지 내가 해온 일에 관해 설명한다든가 혹은 뭔가 특별한 의미를 부여한다든가 하는 의도는 결코 가진 적이 없다. 20년에 걸친 외규장각 의궤 반환협상 동안 숱한 논란과 비난, 주장과 가설들이 오갔다. 외규장각 의궤가 우리나라로 돌아온 지금, 그동안 있었던 사실을 있는 그대로 서술하고 싶었다. 오랜 시간 그 일을 맡았던 실무자로서 외교 현장에서 겪었던 위협적인 순간들, 반복되는 좌절과 수시로 닥치는 위기들, 그런 가운데 만났던 여러 사람과의 다양한 인연에 대해 느끼고 겪은 그대로를 솔직하게 이야기하고 싶었다. 나의 이러한 마음이 이 책을 읽는 독자들에게 가감 없이 전달되었으면 하는 바람과 설렘이 가득하다.

2013년 8월
미국 애틀랜타에서
유복렬

prologue

돌아온 의궤를 만나다

2011년 8월, 5년 반 동안 이어진 해외 근무를 마치고 서울로 돌아왔다. 그리고 외교통상부 대변인실 공보담당관으로 출입 기자들과 한솥밥을 먹는 생활을 시작했다. 마침 '145년 만의 귀환'이라는 제목으로 외규장각 의궤 특별전이 국립중앙박물관에서 열리고 있었다. 박물관 측은 외교통상부 출입 기자단을 배려하여 휴관일인 월요일에 전시회를 볼 수 있도록 해주었다.

몇 달 전까지만 해도 타국의 오래된 고문서관에 있던 책들이 깊고도 장엄한 숨길로 국민들과 만나고 있었다. 박물관에 도착하자 담당 학예연구사가 우리를 맞았다. 전시회장 입구 한쪽 벽면에는 '외규장각 의궤의 귀환 경과'라는 제목으로 그동안의 협상 경위가 간략하게 소개되어 있었다. 내가 그 일을 했다는 대목은 어디에도 보이지 않았지만 불과 몇 달 전까지 그 일에 매달렸고, 긴박했던 순간순간을 생생하게 기억하고 있는 나로서는 그야말로 만감이 교차했다.

한쪽 벽면에는 의궤 속 반차도가 디지털 동영상으로 상영되고 있었다. 책 속에 세밀하게 그려진 인물들이 마치 살아 있는 것처럼 움직이도록 만든 작품이었다. 디지털 문화에 익숙하지 않은 프랑스 사람들로서는 상상도 못했을 멋진 발상이었다. 마담 상송이 이걸 본다면 어떤 표정

을 지을까 하는 의문이 들었다.

갑자기 1999년, 그러니까 지금으로부터 꼭 12년 전에 마로니에 낙엽이 떨어지던 파리의 프랑스국립도서관 고문서관에서 처음으로 외규장각 의궤를 보았던 때가 생각났다. 마담 코엔의 떨리는 손에 걸친 팔찌들이 부딪히는 소리가 귓가에 들리는 듯했다.

외규장각 의궤 특별전은 2011년 7월 19일부터
두 달간 국립중앙박물관에서 열렸다

1. 미궁 속의 숙제, 외규장각 의궤

타국에서 만난 우리 보물

1999년 10월, 단풍이 깊게 물드는 파리에서 두 번째 민간전문가 협상이 열렸다. 본격적인 협상을 시작하기에 앞서, 한상진 한국정신문화연구원장과 나는 살루아 프랑스 감사원 최고위원의 주선으로 프랑스국립도서관 구관* 고문서관을 방문했다. 외규장각 의궤外奎章閣 儀軌를 열람하기 위해서였다.

의궤가 보관되어 있는 서고는 일반인들에게는 출입이 철저히 통제되는 구역이었다. 워낙 오래된 건물이라 바닥과 계단도 모두 나무로 되어 있었다. 외규장각 의궤가 보관된 장소는 3층에 있었는데 서고의 문은 철로 되어 있었고, 그것도 모자랐는지 굵은 쇠사슬이 여러 겹 감긴 커다란 자물쇠가 채워져 있었다. 프랑스국립도서관은 외규장각 도서 전권을 한 권씩 따로따로 책처럼 생긴 푸른색 상자에 넣어 서고에 보관하고 있었다.

동양서지학자 모니크 코엔과 고문서관 총괄국장 자클린

---

* 파리 센 강 오른쪽 기슭 시내에 위치해 있으며 리슐리외Richelieu관이라고도 부른다. 주로 오래된 책들이 보관되어 있다. 프랑스국립도서관 본관은 1995년에 센 강 맞은편 기슭에 새로 완공되어 '미테랑 도서관'이라고 명명된 건물로 이전하였다.

상송이 우리를 안내했다. 악수를 나눈 뒤 건네받은 명함을 본 순간 깜짝 놀랐지만 애써 태연한 척할 수밖에 없었다. 이 두 여성이 바로 의궤를 청와대로 가지고 가려는 미테랑 대통령을 눈물로 저지했던 장본인들이었다. 마담 코엔은 이미 은퇴한 뒤였지만, 워낙 동양서지학의 대가다 보니 도서관 측의 의뢰로 프랑스국립도서관에서 연구 작업을 하고 있었다.

　서고 안에는 오래된 커다란 나무 탁자가 있었다. 그 위에 의궤 몇 권이 펼쳐져 있었고, 그 옆에는 작은 고서 한 권이 조심스럽게 놓여 있었다. 우리들을 위해 미리 준비해둔 것이다. 의궤는 한눈에 알아볼 수 있었다. 워낙 큰 데다 활짝 펼쳐져 있었기 때문에 의심의 여지가 없었다. 펼치지 않은 채 놓여 있는 소박한 작은 고서에 눈이 갔다. 세로로 쓰인 한자가 보였다. '直指'. 세계에서 가장 오래된 금속활자 인쇄본인《직지》였다. 나는 내 눈을 의심했다. 이게 바로 그 유명한《직지심체요절》이라니……. 구한말 주한 프랑스 공사가 지방 시찰을 갔다가 우연히 구입한《직지》를 나중에 프랑스국립도서관에 기증했다고 알려져 있다.

　우리는 왜 이런 문화유산을 지키지 못했을까 하는 안타까움이 밀려들었다. 프랑스 공사는 대체 무슨 이유에서 그리고 무슨 안목으로 이 책을 골라 구입한 것일까 하는 의문도 들었다. 정당한 구매 행위를 통해 해외로 반출된 물품에 대해서는 아무런 영향력도 행사할 수 없는 것이 국제 관행이었다. 그저 안타깝기만 할 뿐이었다.

　나와 한상진 원장이 당황한 표정으로 넋을 놓고 이 책들을 바라보고 있는 것을 눈치챈 마담 코엔이 우리에게 책이 놓인 탁자로 가까이 오라는 손짓을 했다. 그녀는 하얀 면장갑을 끼고 있었다. 펼쳐진 의궤의 화려한 천연색 그림이 보였다. 행차도였다. 가슴이 쿵쾅거렸다. 숨이 멎을 지경이었다. 어떻게 이 작은 그림들을 이리도 정교하게 그려 넣었을까.

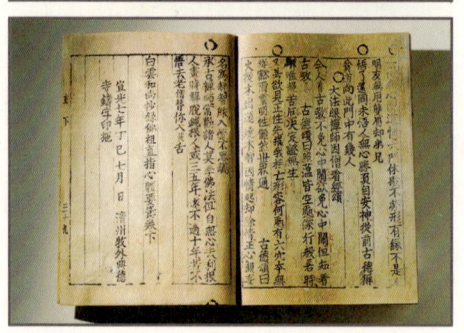

금속활자로 인쇄된 가장 오래된 책인 《직지》.
안타깝게도 여전히 프랑스국립도서관에 보관되어 있다.

장갑 낀 손으로 손수 책장을 넘겨주는 마담 코엔의 손이 가늘게 떨렸다. 손목에 감긴 여러 개의 금속 팔찌들이 내는 소리가 마치 풍경 소리처럼 들렸다. 나이가 들어 수전증이 있는 건지, 아니면 대통령의 명령을 금고 위에 주저 앉아 눈물을 흘리며 거부했을 정도로 애정을 쏟아부은 의궤를, 그것도 그걸

되찾겠다고 나선 사람들에게 자기 손으로 보여주는 일이 괴로워서인지 알 수가 없었다. 고서는 사람의 몸이 직접 닿으면 손상될 우려가 있기 때문에 책장을 넘길 때도 면장갑을 끼고 대나무자 같은 막대기를 이용해야 한다고 설명해주었다.

눈물이 쏟아지려는 것을 겨우 참았다. 사람이 붓으로 일일이 직접 그리고 쓴 것이라고는 도무지 믿어지지 않을 정도로 정교한 그림과 글씨. 이게 우리 조상들의 작품이고, 이 책을 임금이 친히 열람했다니. 강화도 외규장각에서 이 책을 훔쳐 달아난 프랑스 해군 병사들이 정말 귀신같다는 생각이 들었다. 퇴각하는 와중에 어떻게 그 많은 서책들 중에서 이 보물을 알아보고 추려갔을까. 화가 났다. 왜 프랑스 도서관에서 프랑스 사람의 설명을 들으며 이 의궤를 보아야 하는지, 정말이지 화가 치밀어 올랐다.

한국과 **프랑스에** 내려진 저주

한국과 프랑스 양국 정부는 외규장각 의궤 문제를 양국 관계에 내려진 저주라고 칭하는 데 공감하고 있었다. 아무리 협상을 계속해도 줄다리기와 신경전만 이어질 뿐 전혀 진전이 없기 때문이었다.

이 문제의 발단은 1866년 병인양요로 거슬러 올라간다. 1866년 초 흥선대원군의 천주교 탄압 정책으로 인해 8천여 명에 달하는 천주교도가 처형되는 병인박해가 있었다. 당시 조선에는 프랑스 신부 열두 명이 포교 활동을 하고 있었는데, 그 중 아홉 명은 조선의 천주교도들과 함께 처형을 당했다. 구사일생으로 살아남은 세 명 중 한 명인 리델 신부●는 조선을 탈출하여 중국 톈진[天津]에 주둔해 있던 프랑스 극동함대에 이 사실을 알렸다. 프랑스 해군은 자국민 처형에 대한 보복이라는 명목하에 로즈 제독이 이끄는 함대를 강화도로 파견했다.

1866년 가을, 강화도를 침공한 프랑스군은 조선군의 공격을 받아 퇴각하면서 관아에 불을 지르고 은괴를 비롯한 값

● 파리 외방선교회 소속 신부로 1861년 조선에 입국했다. 그가 쓴 책 《서울에서의 옥중기》는 당시 조선의 천주교 실정을 파악할 수 있는 주요한 사료로 알려져 있다.

진 물건들을 닥치는 대로 약탈했다. 그 와중에 외규장각*과 그 안에 보관되어 있던 5천여 점의 도서와 사료를 모두 불태웠다. 따라서 우리는 그 안에 있던 의궤를 비롯한 모든 도서들이 완전히 소실된 것으로 여겼다. 하지만 로즈 제독이 프랑스 본국의 해군부 장관에게 보낸 보고서에는 책 340권을 비롯하여 지도, 족자, 대리석판, 갑옷, 은괴 등을 배에 실어 가져간다고 기록되어 있다.

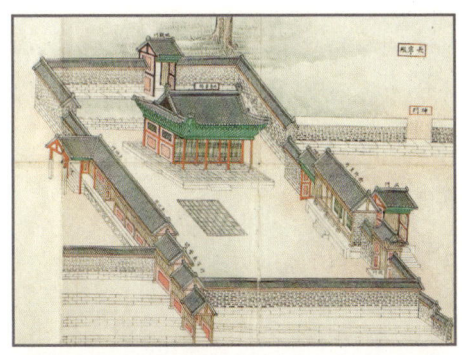

〈강화부궁전도〉의 외규장각(위)과 현재의 외규장각터(아래). 건물은 복원되었지만, 안의 보물들은 소실되고 말았다.

• 1782년 정조가 강화도에 설치한 왕실 서고이다. 창덕궁에 있던 규장각의 부속 시설로, 외세의 서울 침략에 대비해 의궤 등 귀중한 왕실 자료를 보관하기 위해 만들었다.

그러던 중에 1975년 프랑스국립도서관에서 사서로 일하던 박병선 박사가 베르사유 별관 창고에서 외규장각 의궤를 찾아내었고 그때 확인한 책들을 정리해《조선조의 의궤》라는 도서 목록을 발간하였다. 덕분에 우리나라는 비로소 강화도 외규장각에 있던 의궤가 프랑스 함대에 의해 탈취되어 프랑스 본국으로 이송되었고, 현재는 프랑스국립도서관에 소장되어 있다는 사실을 알게 되었다.

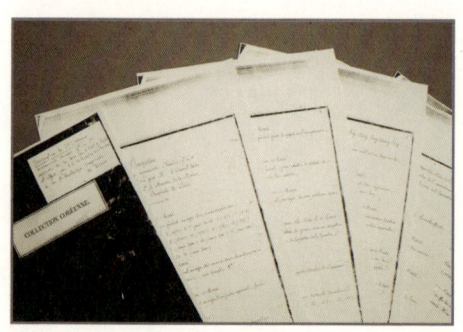

1867년경의 외규장각 문화재 목록.
파리황립도서관(현 프랑스국립도서관)이 작성하였다.

박병선 박사가 작성한《조선조의 의궤》에는 340권이 아니라 297권의 의궤만 기록되어 있다. 박 박사가 직접 프랑스국립도서관을 샅샅이 뒤져 일일이 확인하여 작성한 목록이니, 297권이 전부일 것이다. 외규장각 의궤가 프랑스로 옮겨진 뒤 전리품으로 상관에게 바쳐지고, 다시 프랑스국립도서관에 기탁되는 과정에서 수십 권이 안타깝게도 이런저런 경로를 통해 어디론가 사라져버린 것으로 추정된다. 영국도서관에도 의궤 한 권˚이 소장되어 있는데, 프랑스에 있는 한 치즈 가게에서 구입했다는 영수증이 첨부되어 있다.

1991년 10월 18일 서울대학교 측은 외무부에 공문을 보내 프랑스국립도서관에 소장되어 있는 외규장각 의궤 297권의 반환을 의뢰해왔다. 외무부는 같은 해 11월 17일 외규장각 의궤의 반환을 프랑스 정부에 공식 요청했다.

우리 정부의 반환 요청에 대한 프랑스 측의 대응은 지극히 미온적이었다. 약탈해온 남의 문화재이지만 어쨌든 당시 외규장각 의궤를 소장하고 있던 그들 입장에서는 그냥 우리 측 요청을 묵살하면 그만이었다.

별다른 진전을 보지 못하던 협상이 급물살을 타게 된 계기는 1993년 9월 프랑수아 미테랑 대통령의 한국 방문이었다. 당시 프랑스 정부는 한국의 고속철 사업을 따내기 위해 세일즈 외교를 펼치고 있었다. 한국 사업권을 따낸 뒤 그 여세를 몰아 중국으로의 진출까지 구상하고 있던 차에 독일, 일본과의 경쟁이 치열해지면서, 대통령까지 발 벗고 나선 것이다. 우리 정부는 이러한 상황을 외규장각 의궤 문제를 해결할 수 있는 절호의 기회로 여겼다.

방한을 며칠 앞두고 미테랑 대통령은 파리 주재 한국 특파원들과의 인터뷰를 통해 외규장각 의궤가 한국의 역사와 문화에 보다 유용한 만큼, 한국에 돌려주는 것을 개인적으로는 바람직하게 여기고 있다는 입장을 표명했다. 이러한 분위기 속에서 우리 외무부는 미테랑 대통령이 방한 시에 의궤 한두 권을 가지고 와서 정상회담 때 보여주기를 희망한다는 의사를 프랑스 측에 전달했다.

• 순조가 자신의 생모를 위해 연 축하연을 기록한 《기사진표리진찬의궤己巳進表裏進饌儀軌》로 국내에는 없는 유일본이다. 영수증에 적힌 의궤의 가격은 10파운드라고 한다.

《수빈휘경원원소도감의궤》 상권의 전달식.
프랑스 국내에선 엄청난 반발이 일어났다.

9월 14일 서울에서 개최된 한국-프랑스 정상회담에서 김영삼 대통령과 미테랑 대통령은 외규장각 의궤 문제를 '교류와 대여' 원칙에 따라 해결한다는 데 합의했다. 그리고 미테랑 대통령은 《수빈휘경원원소도감의궤綏嬪徽慶園園所都監儀軌》* 상권을 우리 측에 전달했다. 미테랑 대통령은 "외규장각 의궤는 강제로 타국에 옮겨졌으며, 한국이 고통스러워하는 것은 당연하다. 과거 프랑스는 의궤를 군사적인 방법으로 가져왔지만, 오늘 나도 의궤 한 권을 문화부 장관으로부터 거의 탈취해서 가져왔다"라고 말했다.

미테랑 대통령이 《수빈휘경원원소도감의궤》 한 권을 한

• 순조의 생모의 묘인 휘경원을 옮긴 과정이 기록된 의궤이다.

국에 주고 간 일을 놓고, 당시 우리 국내 언론은 외규장각 의궤 반환이 머지않다고 대서특필했다. 의궤의 깨끗한 종이와 선명한 글씨, 화려하게 돋보이는 천연색의 그림이 공개되자 프랑스의 뛰어난 고문서 보관 기술을 칭찬하는 언론 보도까지 있었다. 하지만 국내 전문가들은 이것이 프랑스의 고문서 보관 기술 덕택이 아니라, 각별한 정성을 기울여 최고급 종이를 써서 글씨를 쓰고 그림을 그린 우리 조상들의 탁월한 서지書誌 기술 덕분이라고 지적했다.

 우리 국민들은 미테랑 대통령이 프랑스로 돌아가 외규장각 도서 반환 지시를 내릴 것이라고 생각했다. 우리로서는 미테랑 대통령이 일단 의궤 한 권을 우리 측에 넘겨준 만큼, 이것이 외규장각 의궤 반환의 서막이며 별 어려움 없이 서책들이 돌아올 것이라고 낙관할 수밖에 없었다. 하지만 외규장각 의궤 문제에 대한 숱한 오해와 논란은 바로 여기서 비롯되었다.

 국내에선 미테랑 대통령이 고속철 사업권을 따는 대가로 외규장각 의궤 반환을 약속한 것으로 받아들였다. 하지만 고속철도 사업 계약은 그 전에 이미 이루어진 상태였다. 미테랑 대통령은 단지 프랑스의 고속철인 TGV의 최초 해외 진출 계약이라는 큰 성과에 대해 우리 국민들에게 각별한 우의를 표하고자 《수빈휘경원원소도감의궤》를 보여주기만 하려 했었다. 그런데 즉흥적으로 프랑스국립도서관 측과의 약속을 어기고 이 의궤 한 권을 한국에 남겨두고 떠나버린 것이었다.

 오히려 양국 정상회담에서 합의된 원칙은 분명 '교류와 대여'였다. 양국이 서로 '대여'라는 틀 속에서 외규장각 의궤와 그에 상응하는 무언가를 주고받는다는 원칙이다. 당시 미테랑 대통령이 의궤를 주고 간 것이 프랑스 국내적으로는 한국에 '3년 단위로 갱신되는 대여' 형식으로 처리되었다는 사실을 아는 사람은 거의 없을 것이다. 자국의 대통령이 행한 위법 행위를 그대로 방치할 수 없어 어쩔 수 없이 사후 행정 처리를 한 것이다.

미테랑 대통령이 의궤 한 권을 한국에 돌려준 것을 놓고 프랑스 국내의 반발은 극단으로 치달았다. 대통령이 범법 행위를 저질렀다는 반응은 물론이요, 공권력의 횡포라고 비난하는 것도 모자라 심지어는 프랑스의 가장 치욕적인 역사인 나치 협력 정부*에 비유하는 언론 기사까지 등장했다.

어쨌든 양국 정부는 대통령들 간에 합의된 '교류와 대여' 원칙에 근거해서 실무 협상을 시작했다. '교류'의 의미는 외규장각 의궤를 일방적으로 반환받는 것이 아니라, 이에 상응하는 가치를 지닌 도서를 프랑스 측에 제공한다는 뜻이다. '대여'란 양국이 공통적으로 가진 국내법상의 제약 때문에 도서의 소유권 이전은 불가능하므로, '영구히' 또는 '연장이 가능한 기한 설정' 방식으로 서로 빌려주는 모양새를 취한다는 것이다.

우리 정부는 프랑스 측에 대여할 도서 목록 작성에 착수했다. 국립중앙도서관에 소장되어 있는 고서가 주를 이룬 첫 번째 목록을 1년도 더 지난 1994년 12월에야 전달할 수 있었다. 프랑스 측은 목록에 포함된 도서들이 서울 인사동에서 수백 프랑이면 구입할 수 있는 것이라며 거부했다. 신안 해저에

• 제2차 세계대전 당시 프랑스가 독일에 패한 후 성립된 비시 정부를 말한다.

서 건져 올린 동전을 추가하고 도서 목록을 좀 더 다양화해서 1995년 1월에 2차 목록을 전달했지만, 프랑스 측의 반응은 1차 목록 때와 마찬가지였다. 오히려 프랑스는 한국의 성의 있는 태도를 촉구했다. 우리 측은 다시 목록 작성에 착수해 1997년 5월에 3차 목록을 전달했지만, 프랑스 측의 반응은 매한가지였다. 오히려 한술 더 떠서 외규장각 의궤와 가치가 동일한 같은 수의 도서, 즉 '등가등량等價等量'의 목록을 요구하고 나섰다.

양국 정부 간 협상은 우리 측이 프랑스 측에 대여할 도서 목록을 주고받는 데만 4년이 걸렸고, 시간과 노력은 들였지만 결과적으로 아무런 진전을 보지 못했다.

민간전문가 **협상의** 시작

외규장각 의궤 관련 협상이 시작된 이래 7년 동안 전혀 진전을 보지 못하던 양국 정부는 민간전문가를 대표로 임명해 새로운 방식으로 협상을 해보기로 했다. 지금까지 정부 차원에서 미처 생각해내지 못한 새로운 방안을 강구할 수도 있다는 판단에서였다. 지금까지 답보 상태였던 반환협상에 새바람이 불지도 모른다는 기대를 했던 것이다.

외규장각 의궤와 나의 인연도 비슷한 때에 시작되었다. 1997년 11월, 외교관으로서 첫발을 내딛은 나는 외무부 서유럽과에 배치되어 프랑스를 담당하게 되었다. 프랑스 관련 업무 파일을 모아놓은 박스 대부분은 '외규장각 의궤 문제'라고 적힌 파일들이 차지하고 있었다. '1991년~1993년'이라고 쓰인 첫 번째 파일부터 시작해 날짜 순서대로 정리된 파일만 수십 권이었다. 4년 뒤 해외 근무 발령을 받을 때까지 나는 그 파일 속에 매몰되어 있었다.

민간전문가 협상을 앞두고 프랑스 측은 자크 살루아 감사원 최고위원을 협상대표로 임명했다. 문화부 장관 정책보좌관, 프랑스의 모든 박물관을 총괄하는 프랑스박물관장을 역임

했던 문화 분야 전문가였다. 우리 정부는 여러 명의 전문가를 대통령에게 추천해서 직접 낙점하게 했고, 한상진 한국정신문화연구원* 원장이 협상대표로 임명되었다. 당시 대부분의 사람들은 김대중 대통령과 한상진 원장의 개인적인 친분이 크게 작용했을 것으로 추정했다.

한상진 원장이 협상대표로 임명되자마자 나의 업무량은 엄청나게 늘어났다. 그간의 협상 경위와 현 상황, 다양한 분야의 전문가들이 발표한 분석 자료와 논문, 언론 보도 그리고 양국 외교부 간에 주고받은 수많은 문서를 모두 요약, 정리했다. 첫 번째 민간전문가 간 협상 날짜가 잡힌 후로는 협상 준비를 위해 계속 한국정신문화연구원으로 출근을 했다.

한상진 원장은 협상대표 역할을 할 수 있는 재능이 있는가는 별개로 하고, 일단 학구적이기는 했다. 내가 외무부 차원에서 제공할 수 있는 모든 협상 관련 자료들을 복사해서 주었지만, 그 외에도 자기 나름대로 주변의 학자나 전문가들과 만나서 그들이 추천해주는 여러 사료들을 구해 읽고 있었다.

한 원장은 사회학과 교수 출신답게 문제의 현상이나 그 문제가 발생하게 된 사회적 배경 같은 데 관심이 많았다.

"문제를 해결하는 데 앞서 문제의 발단을 이해하는 것이 무엇보다 중요합니다. 모든 문제의 실마리는 그 배경에 있어요. 나는 외교 협상을 어떻게 하는 건지 알지 못하고 지금 와서 배울 수도 없지만, 그건 프랑스 측도 마찬가지 아니겠어요. 감사원 감사위원이 무슨 협상을 그렇게 해봤겠습니까. 아마추

* 한국학을 깊이 연구하고 세계에 알리기 위해 1978년에 설립되었다. 장서각에 방대한 자료가 보관된 것으로도 유명하며, 2005년에는 한국학중앙연구원으로 명칭이 바뀌었다.

어답게 순진하게 접근해보는 거지요. 부딪혀봅시다, 일단."

그는 의욕이 넘쳐 보였다. 정부가 못한 과업을 성사시켜 보라고 대통령이 직접 협상대표로 임명했으니 그럴 만도 했다. 한 원장은 병인박해와 병인양요, 당시 천주교 전파에 관한 사료 그리고 프랑스 학자나 문화계 전문가들이 쓴 문화재 반환 관련 자료를 찾아달라고 했다. 그리고 프랑스에서 유학한 인턴 직원을 채용하여 자료를 일일이 번역해 요약하게 했다.

다만 이런 한 원장의 학자적 강점이나 연구 스타일은 지극히 개인적인 접근이었을 뿐 앞으로 진행될 프랑스와의 협상과는 크게 상관이 없어 보였다. 외규장각 의궤 반환협상은 일반적인 협상과는 근본적으로 달랐다. 프랑스 국내법이라는 거대한 걸림돌을 넘으려면 필요한 것은 협상가로서의 자질이나 능력이 아니라, 결정적인 순간의 정치력이었다. 협상대표로서 한 원장의 가장 큰 강점은 어디까지나 대통령이 직접 임명했다는 사실이었다. 당시 한 원장은 김대중 대통령과 독대가 가능한 소위 '힘 있는' 인사였다. 그리고 이런 자신의 힘을 드러내는 것을 주저하지 않았다.

당시 관계자들은 이 부분에 기대를 걸고 있었다. 한 원장이 실현 가능한 방안을 도출해낸다면, 그것을 정부 차원에서 구체화시켜 추진하는 과정에서 최고 정책 결정자의 적극적인 결단도 이끌어낼 수 있기 때문이었다. 문제 해결의 실마리를 잡을 수도 있다는 나름의 의미 있는 기대였다.

서로 다른 견해

첫 번째 협상은 1999년 4월 먼저 한국에서 열렸다. 양측 대표는 한국정신문화연구원 회의실에서 마주 앉았다. 4월의 봄 햇살을 머금은 회의실은 환하고 편안한 분위기였지만, 처음 대면한 양측 협상대표의 표정은 그렇지 않았다. 두 사람 모두 유창한 영어로 대화를 시작했지만, 이렇다 할 주제도 없이 겉으로만 뱅뱅 돌 뿐 본론으로는 들어가지 못했다.

그러다가 이 분위기를 참지 못하고 한상진 원장이 먼저 프랑스 측에 강하게 말을 꺼냈다.

"미테랑 대통령은 분명 의궤를 한국에 돌려준다고 했지요. 실제로 한 권을 돌려주기도 했고요. 외규장각 의궤는 프랑스가 우리 땅에 침입해서 무력으로 탈취해간, 엄연한 전시戰時 약탈 문화재에 해당합니다. 우리로서는 약탈 문화재를 돌려받는 것이 당연하다고 생각할 수밖에 없습니다. 프랑스 정부도 제2차 세계대전 때 프랑스에서 나치가 약탈했던 문화재를 독일 정부로부터 모두 돌려받지 않았습니까."

갑자기 정면으로 치고 들어온 한 원장의 돌발적인 발언에 살루아 위원은 드디어 본색을 드러냈다. 그렇지 않아도 지루하던 차에 잘됐다 싶은 표정이었다.

"전시 약탈 문화재라고요? 사회학과 교수로 알고 있는데 역사 공부는 제대로 안 하셨군요. 전쟁이 일어난 배경을 알고 나 하는 소리입니까? 왜 한국 측은 병인양요가 일어난 이유에 대해서는 아무 말도 하지 않는 겁니까?"

살루아 위원은 다짜고짜 따지고 들었다. 상대방을 비꼬는 듯한 말투가 상당히 거슬리게 들렸다.

"1866년 강화도에서 일어난 전쟁은 프랑스 신부 아홉 명이 한국에서 참혹하게 '학살'을 당했기 때문에 자국민 보호와 보복이라는 정당한 외교적 사유로 인해 벌어진 사건입니다. 한국 정부라면 한국 국민이 외국에서 학살당했는데, 그것도 아홉 명이나 떼거리로 죽음을 당했는데 가만히 두고 볼 수 있겠습니까? 왜 진실을 왜곡하는 겁니까?"

대뜸 살루아 위원이 언성을 높였다. 갑자기 살벌해진 분위기에 놀란 한상진 원장도 공격 수위를 높였다. 한 원장은 이렇게 맞받아쳤다.

"프랑스 측 주장대로 프랑스 함대가 자국민 보호와 보복이라는 명분하에 강화도를 침공했다손 칩시다. 그렇다 해도 침략의 동기와는 전혀 무관한 외규장각을 불태우고 그 안에 보관되어 있던 왕실 유물들을 잿더미로 만든 행위는 문화 대국을 자처하는 프랑스가 한 짓이라고는 도저히 생각할 수 없는 야만적 행위입니다. 그러니 당시 처사에 대해 사과하는 것이 마땅합니다."

본격적인 공방이 시작되었다. 한상진 원장의 사과 요구에 프랑스 측 대표의 분노는 극에 달했다. 살루아 위원이 따져 물

었다.

"내 조상들이 조선 땅에 와서 자행한 방화 행위와 당신네 조상들이 우리 신부 아홉 명을 살해한 것 중 어떤 것이 더 큰 범죄입니까? 지금 이 두 행위를 놓고 경중을 따지자는 겁니까? 프랑스 정부가 조선 시대에 벌어진 살상 행위를 놓고 현대 한국 정부에 사과를 요구한 적이 있습니까?"

한 원장은 이렇게 반박했다.

"그건 이미 140여 년 전의 일입니다. 현대의 법체계나 국가 질서와는 전연 다른 환경에서 벌어진 것입니다. 조선 시대 위정자로서는 국내 사회규범과 질서를 교란시키는 외세를 응징해야 한다고 판단하고, 국가 안위를 걱정해 어쩔 수 없이 한 행동이었습니다. 그렇기 때문에 신부들의 희생을 순교라고 하는 것 아닙니까?"

점차 어스름한 오후로 접어들면서 두 협상대표가 마주 앉은 탁자 위로 긴 그림자가 깔리고 있었다. 살루아 위원은 단정하고 말쑥하게 빼입었던 짙은 회색 재킷을 벗어 자기 의자 뒤에 걸어두었다. 한 원장은 옆에 놓인 냉수를 연거푸 들이켰다. 말끔하게 뒤로 빗어 넘긴 한 원장의 약간 긴 곱슬머리가 흘러내렸다. 프랑스 측이 이렇게까지 공격적으로 나오리라고는 예상치 못했던 것 같았다. 그렇지만 한 원장은 긴장의 고삐를 늦추지 않았다. 열변을 토하는 중간중간 두 손을 앞으로 모아 손가락들을 서로 맞닿게 했다가 다시 양손을 조금씩 흔드는 제스처도 나름대로 설득력이 있어 보였다.

두 사람 모두 상대방의 공격적인 언사를 맞받아치느라 분주했지만, 회의실 안에서 상대방과 마주하고 있는 동안은 결코 서로에 대한 매너를 잃지 않았다. 혼잣말로 투덜거리지도 않았고, 못 견디겠다는 식의 제스처도 없었다. 그저 팽팽한 설전이 오갈 뿐이었다. 그 설전을 지켜보면서, 나는 속으로 '과연 이 협상에 진전이 있기는 있으려나? 아무래도 장기전이 될 가능성이 높아 보이는군' 하고 생각했다.

첫 번째 협상에선 서로의 견해 차이만 확인했을 뿐이었다.
(왼쪽 앞 한상진 원장, 오른쪽 앞부터 저자, 살루아 위원)

개개인의 자유를 지상 최고의 목표로 삼는 프랑스 사회에서 대다수 국민들은 삶 자체를 즐기는 데 열중한다. 하지만 국가의 미래를 책임질 최상위 0.1퍼센트는 국가가 직접 길러내서 그들에게 국가 경영을 통째로 맡긴다. 그런 엘리트를 양성하는 기관인 그랑제콜* 중에서도 명문으로 손꼽히는 곳이 국립행정학교**다. 살루아 위원은 국립행정학교 출신 중에서도 졸업 성적이 가장 뛰어난 사람들에게만 지원 자격이 주어진다

• 프랑스 고유의 엘리트 고등교육기관으로, 흔히 '대학 위의 대학'이라고 불린다. 고등학교 졸업 시험인 바칼로레아에서 우수한 성적을 거둔 학생들만이 별도의 준비반을 거쳐 입학한다.
•• 1945년 제2차 세계대전이 끝난 직후 드골 대통령이 설립한 고위공무원 특수양성기관이다. 흔히 ENA라고 줄여 부른다. 3년제 대학원 교육을 하며, 프랑스의 고위 정·관계 인사들 대부분이 이 학교 출신이다.

는 감사원의 최고위원이었다. 절대 녹록한 상대가 아니었다.

한상진과 자크 살루아, 두 사람은 아무리 보아도 공통점이 없었다. 훤칠한 키에 금테 안경을 쓰고 말쑥한 더블 단추 양복을 빼입은 살루아 위원은 부르주아적이고 이지적인 분위기를 풍겼다. 예의 바른 영국 노신사와도 같았다. 한 원장은 편해 보이는 짙은 감색의 개량 한복을 입고 있었다. 상대와 비교해 훨씬 자유롭고 소탈한 모습이었다.

겉모습 말고도 대학 교수라는 직업의 특성상, 한 원장은 고위 공무원인 살루아에 비해 사고의 폭이 훨씬 넓어 보였다. 그럼에도 한 원장은 무엇인지 모를 중압감을 느끼는 듯했다. 살루아 위원과는 전연 분위기가 달랐다. 이는 두 사람의 역할 차이 때문이라고 생각했다.

살루아 위원은 자국이 소장하고 있는 문화재 수호와 관리의 총책인 프랑스박물관장직을 맡았던 경력이 있고, 그렇기 때문에 프랑스국립도서관 측의 신뢰를 받고 있었다. 이 협상에서도 가급적 '현명한' 방편을 강구하여 한국 측에 최대한 성의 표시를 하면서 자국의 피해는 최소화하면 되는 입장이었다.

하지만 한 원장의 임무는 달랐다. 정말 잘해서 외규장각 도서를 통째로 반환받지 않는 한 본전은커녕 비난만 받을 공산이 컸다. 한 원장의 어깨는 외규장각 의궤 반환이라는 온 국민의 염원, 그 엄청난 무게에 눌려 있었다. 처음 이 임무를 맡아 시작할 당시 한 원장의 각오도 응당 그런 국민적 염원에 부응하는 것이었다. 하지만 막상 상대방과 대화를 시작하자마자 어마어마한 벽에 부딪혀버린 것이다. 게다가 벽은 꿈쩍도 하지 않았다. 한 원장은 수세에 몰릴 수밖에 없는 입장이었다.

적을 공격할 탄환도, 적을 유인할 계책도 마땅치 않았다.

첫 대면부터 치열한 공방이 이어졌지만, 본론으로는 들어가지 못한 채 제자리에서 뱅뱅 도는 소모전만 계속되었다. 이런 분위기는 협상이 진행되는 이틀 내내 이어졌다. 설전에 설전을 거듭했지만 과거사와 관련된 서로의 잘잘못을 따지는 데 대부분의 시간을 소비했다. 결국 민간전문가 간 첫 번째 협상은 양측 간에 얼마나 오해의 골이 깊은지 그리고 서로 바라보는 방향이 얼마나 다른지 새삼 확인해보는 기회가 되었을 뿐 이렇다 할 성과는 없었다.

한술 밥에 배부를 리 없다는 사실은 모두 알고 있었지만, 우리 정부의 실망은 이만저만이 아니었다. 나 역시 새로운 돌파구를 열 수도 있다는 기대감에 열심히 협상 준비를 도왔지만, 그저 서로 과거사를 놓고 아옹다옹하다가 시간을 다 허비한 것 같아 맥이 빠졌다. 첫 대면부터 큰 진전은 하지 못하더라도 기본적인 방향 정도는 정할 수 있으리란 한 가닥 희망은 그대로 무너져버렸다.

계속되는 **제자리걸음**

외교 협상뿐 아니라 모든 협상의 기본은 내가 가진 패를 상대방에게 읽히지 않는 것이다. 물론 아주 '쿨'하게 자기가 가진 카드를 다 보여주고 상대방의 이해와 협조를 구하는 끝장 협상도 있을 수 있다. 하지만 상대방 주머니 속에 있는 물건을 빼와야 하는 상황에서, 그것도 이미 오랜 줄다리기 협상에 지칠 대로 지쳐 있는 상태에서 자기 패를 그대로 드러낸다는 건 위험천만이다. 게다가 정말 심각한 문제는 우리가 가진 패가 마땅치 않다는 것이었다. 사실 패가 없었다.

양국 민간전문가 간 협상이 진행될수록 우리가 가진 패가 없다는 사실은 점점 더 확실해졌다. 매번 새로운 협상 전략을 논의하고, 각계 인사들을 모아 이런저런 조언도 구해보고, 협상대표들이 주고받은 이메일을 분석하면서 눈코 뜰 새 없는 날을 보냈다. 하지만 두 차례의 협상에서 별다른 진전을 보지 못한 채 제자리걸음을 계속하자 우리 정부도 당혹스러움을 감추지 못했다.

두 대표가 학사적 관섬에서 조점을 이 문제의 발단인 병인양요에 맞추면서 협상의 방향은 점점 더 묘연해졌다. 살루아 위원은 한국에 와서 병인박해의 현장인 가톨릭 성지를 방문하고, 한 원장은 순교한 프랑스 신부들이 소속되어 있던 파리 외방선교회를 방문하는 식이었다. 실질적인 협상으로 들어가지 못한 채 시간만 흘러갔다.

2000년 7월 후덥지근한 여름철, 한국정신문화연구원 회의실에서 세 번째 민간전문가 간 협상이 열렸다. 지난해 가을, 파리에서 두 번째 협상을 가진 뒤 어느새 10개월 가까이 지난 것이었다. 한국의 한여름 날씨를 처음 경험했기 때문인지 살루아 위원은 처음부터 좀 짜증이 나 보였다. 한상진 원장이 더운 걸 몹시 싫어하는 탓에 협상 시작에 앞서 일찌감치 에어컨을 가동시켜두었고, 덕분에 회의실은 시원했다. 협상이 진행되는 동안에도 에어컨은 계속 켜져 있었다.

살루아 위원은 "문명의 이기가 좋기는 좋군요. 밖은 저렇게 더운데 여기는 너무 시원하네요"라고 하더니, 이내 "이거 시베리아에 와 있는 것 같네요"라고 하면서 에어컨을 꺼달라고 했다. 에어컨을 끄면 금세 더워질 거라고 했더니 찬 바람이 자신에게 직접 오지 않도록 방향을 바꿔달라고 요구했다.

"저는 이렇게 극심한 실내외 온도 차이를 견디면서까지 냉장고 속에 있고 싶지는 않아요. 사람은 모름지기 자연스러운 게 가장 좋은 법이거든요. 더우면 더운 대로, 추우면 추운 대로 다 적응해서 지낼 수 있어요. 조금만 참으면……. 에어컨 바람은 인체에 정말 안 좋은 것 같아요. 저는 금방 목이 아프고 머리도 아프더군요."

이렇듯 꼬장꼬장하게 따져대는 살루아 위원의 불평을 들으면서, 한 원장은 그 자리에서 에어컨을 꺼버리고 싶었을지도

모른다. 하지만 더위를 못 견뎌서인지, 아니면 에어컨을 끼고 사는 우리를 얄밉다 싶을 정도로 꼬집는 게 못마땅해서인지 그냥 에어컨 방향만 바꾸도록 하고는 그대로 일을 계속했다.

벌써 세 번째 마주 앉은 두 협상대표였지만, 두 사람 사이는 여전히 서먹서먹해 보였다. 살루아 위원은 오히려 초반부터 무척 사무적으로 상대방을 대했다. 점심시간에도 쓸데없이 시간을 낭비하고 싶지 않다면서 최대한 간단하고 신속하게 먹을 수 있는 곳으로 가자고 했다. 먹을 것에 신경 쓸 기분이 아니라고 했다. 유난히 까칠하게 나오는 살루아 위원이 마음에 걸렸지만, 그렇다고 무슨 언짢은 일이 있느냐고 물어볼 수도 없었다. 뭔가 불만이 가득한 듯 보이기도 했거니와 협상 파트너에게 그런 질문을 하는 것도 안 될 일이었다.

프랑스 측은 역사적 책임론에 대해서는 더 이상 이야기를 하지 않았다. 다만 이 협상은 어디까지나 김영삼 대통령과 미테랑 대통령이 1993년에 합의했던 '교류와 대여'라는 대전제가 출발점이며, '등가등량의 교환'만이 유일한 해결 방안이라고 선을 그어버렸다.

살루아 위원은 프랑스국립도서관 소장 의궤와 한국이 가지고 있는 의궤를 연대별 또는 내용별로 나누어 순차적으로 맞교환하는 방안을 제의했다. 한상진 원장은 프랑스가 전혀 양보를 하지 않는다며, 이 제의가 못마땅하다는 표시를 냈다. 전시 약탈 문화재라는 점을 활용해서 국제적 압박을 가할 수도 있지만 프랑스 측이 성의 있는 태도를 보여줄 것을 기대하면서 여기까지 왔는데, 프랑스 측은 전혀 그런 기미를 보이지 않고 있다며 불만을 제기했다.

다시 역사적 책임론으로 대화가 흘러갔다. 두 사람 모두 막다른 골목으로 치닫고 있었다. 뭔가 잘못되고 있는 낌새가 느껴졌지만, 나는 협상에 개입할 수 있는 입장이 아니었다. 협상대표에게 진정하라고 말할 수도 없는 노릇이었다.

두 대표는 지금까지 영어로 직접 협상을 진행했지만, 분위기가 격앙되고 서로 언성을 높이기 시작하면서 이 암묵적인 약속은 어느 순간 깨져버렸다.

"우리가 계속 이렇게 제자리걸음을 하며 같은 이야기를 되풀이해서야 되겠습니까?"

살루아 위원이 집요하게 프랑스 측 입장을 견지하자, 참다못한 한 원장이 먼저 질문을 던졌다. 아마도 양쪽 모두 그 말을 하고 싶었지만 꾹 참고 있었을 것이다. 그러자 겉으로는 점잖고 노련해 보이는 살루아 위원이 분을 이기지 못하고 먼저 프랑스어로 열변을 토하기 시작했다.

"거참, 돌아버리겠구먼. 지금 누가 할 소리를 하는 거지. 이거야 원 참는 데도 한도가 있지. 나더러 어쩌라는 거야. 세 파 브래 C'est pas vrai. 세 파 포시블 C'est pas possible.* 지금 뭐하자는 거지? 처음부터 원칙 같은 것은 들으려고 하지도 않고, 똑같은 요구만 되풀이하고 있는 게 누군데 나한테 제자리걸음을 하고 있다는 거야, 나 참 어처구니가 없어서 원……."

고상하고 우아하기까지 하던 말투는 어디로 간 것인지, 살루아 위원은 내가 만난 이래로 한 번도 본 적이 없는 거친 태도로 아무 말이나 닥치는 대로 던지고 있었다. 옥스퍼드 유

● '말도 안돼'라는 의미이다.

학파인 살루아 위원이 영어로 자신의 들끓는 속을 제대로 표현해내지 못하는 시점에 이른 순간, 여느 수다스런 프랑스 사람들과 마찬가지로 비속어를 그대로 내뱉은 것이었다.

그에 비하면 한상진 원장은 훨씬 더 침착한 모습을 보여주었다. '거참, 이 친구가 왜 이래?' 하는 표정이 역력했지만, 한 원장은 뚜껑이 열린 살루아 위원에게 맞서지 않고, 그가 프랑스어로 신나게 떠들면서 카타르시스를 거치기를 조용히 기다리는 인내심을 발휘했다. 그렇지만 살루아 위원의 흥분은 쉽게 가라앉지 않았다. 특별히 이렇다 할 계기가 있었던 것도 아니었기 때문에 그저 어리둥절해서 계속 떠들어 대는 그를 바라보고만 있었다.

그러더니 살루아 위원은 갑자기 주먹으로 탁자를 쾅 하고 내리쳤다. "더 이상은 참을 수가 없어. 이걸로 됐어, 됐다고"라고 하면서 짜증 섞인 표정을 드러내더니 자리에서 벌떡 일어났다. 키 큰 노신사의 갑작스런 행동에 놀란 우리는 모두 살루아 위원을 올려다보았다. 그는 우리들의 눈길은 아랑곳하지 않고, 테이블 위에 놓인 자기 물건들을 주섬주섬 챙겨 그대로 문을 박차고 나가버렸다.

나는 한국정신문화연구원 정문을 나서려는 살루아 위원을 뒤따라가 이대로 가면 어떡하느냐고 물었다. 그는 극도로 흥분해서 얼굴이 벌겋게 달아올라 있었다. 시원한 회의장에 있다가 무더운 바깥으로 갑자기 나와서 그런지 항상 단정했던 옷차림도 후줄근했다. 그런데도 살루아 위원은 애써 태연한 척하며 아무렇지도 않다는 표정으로 이렇게 말했다.

"나는 일본 사람들과 협상을 많이 해봤어요. 우리 바닥에서는 일본 사람이 협상하기 제일 힘든 상대라고 정평이 나 있어요. 하지만 오늘 새로운 사실 하나를 깨달았어요. 한국 사람이 일본 사람보다 열 배는 더 협상하기 힘든 상대라는 사실을…….”

나는 살루아 위원을 더 이상 붙잡지 않았다. '아무리 화가 났다고 해도 이건 좀 심한 거 아니야? 나 원 세상에, 우리나라를 일본과 비교하다니……. 이 사람 정말 제정신이 아니군.' 나는 이 말이 목구멍까지 올라오는 걸 겨우 억눌렀다. 한국인과 협상을 하려면 최소한 한국에서 절대 하면 안 되는 일이 무엇인지 정도는 공부를 하고 협상에 임해야 할 게 아닌가 하는 생각이 들었다.

다음 날 살루아 위원은 우리 측에 한마디 해명도 하지 않고 프랑스로 돌아가버렸다. 참사였다. '역시 이건 저주받은 협상인 게 분명해' 하는 생각이 불현듯 떠올랐다.

하지만 살루아 위원의 분노에 찬 푸념을 들으면서 그가 무례하다고 생각했던 것은 나만의 착각이었다. 살루아 위원은 모든 것을 알고 있었다. 자기가 나에게 한 말이 한국 측에 전해질 거라는 사실도 알고 있었다. 우리를 자극해서 판단이 흐려지게 하고, 다른 한편으로는 프랑스를 만만히 보지 않게 하려는 나름의 협상 전략이었던 것이다.

그는 서울에 협상을 하러 와서 결코 호락호락한 모습을 보일 수 없었다. 앞으로 3개월 후면 서울에서 ASEM 정상회의가 개최되고, 그때 김대중 대통령과 시라크 대통령도 별도로 정상회담을 할 예정이었다. 그러니 그 정상회담을 앞두고 가시적인 성과를 내기 위해 한국 측에 조금이라도 양보를 했다가

는 자국 문화계 전문가들의 온갖 비난과 반발에 시달리게 될 것이 뻔하다는 것을 너무도 잘 알고 있었던 것이다.

2000년 10월 19일, ASEM 정상회의가 개막되기 직전 김대중 대통령과 시라크 대통령은 청와대에서 한국-프랑스 정상회담을 가졌다. 살루아 위원도 시라크 대통령과 함께 한국에 와 있었다. 수년째 양국 간 최대 현안으로 남아 있는 외규장각 의궤 문제가 화제가 되자마자, 시라크 대통령은 대뜸 "외규장각 의궤 문제가 지긋지긋해 신물이 난다"라고 말했다. 농담처럼 한 말이었지만, 내 귀에는 어쩐지 진담처럼 들렸다.

통역을 하던 나는 '지긋지긋하다'는 속된 표현에 놀라서 시라크 대통령을 쳐다봤다. '대통령도 이런 말을 쓰는구나.' 지난번 한국정신문화연구원에서 살루아 위원이 마구 내뱉었던 말들을 떠올리자 어쩐지 두 사람이 일맥상통하는 부분이 있는 것 같아 속으로 쓴웃음을 지었다. 그러면서 생각했다. '외규장각 의궤가 여러 사람 돌게 만들고 있군.'

시라크 대통령은 말을 이었다.

"우리가 임명한 민간전문가들이 저 방에서 묘안을 짜내기 위해 머리를 맞대고 있습니다. 난 이 문제가 정말 지긋지긋합니다. 해결책을 찾아낼 때까지 저 둘을 방 안에 가둬둡시다."

시간이 흘렀다. 두 전문가를 가둬두지 않아서인지 해결책은 나오지 않았고, 그런 상태에서 2001년 2월, 나는 주프랑스 대사관으로 첫 번째 해외 근무 발령을 받았다. 물론 외규장각 의궤 관련 업무는 파리에서도 계속되었다.

장남 대신 차남? **인질 논란**

2001년 7월, 양국 민간전문가 간 네 번째 공식 협상이 파리에서 열렸다. 프랑스가 석학의 산실이라는 자부심을 가지고 있는 프랑스학사원[•] 건물에서 회의가 진행되었다. 나는 프랑스 측이 회의 장소를 프랑스의 문화와 학술의 상징인 이곳으로 잡은 의도가 바로 자기네 나라의 뿌리 깊은 문화를 은근히 뽐내려는 것이라고 짐작했다.

서울 ASEM 정상회의 때 시라크 대통령을 수행한 살루아 위원이 한국에 다녀간 뒤 거의 9개월 만에 양국 협상대표가 프랑스학사원의 고풍스런 회의실에서 마주 앉았다. 돌로 지은 건물이라서 그런지 회의실 안은 7월 한여름 날씨에도 불구하고 시원했다. 자그마한 방의 한 벽면에는 정원 쪽으로 창문이 나 있었고, 나머지 벽면에는 출입문이 있는 자리를 제외하면 책들이 빼곡히 들어찬 책꽂이가 서 있었다. 오래된 책들이 많아서인지 퀴퀴한 냄새가 났다.

• 문학, 금석학, 과학, 예술, 정신과학·정치학의 최고 석학들이 모인 프랑스 학문의 본거지이다. 1795년에 다섯 개의 학술 협회가 모여서 만들어졌는데, 그중 가장 오래된 협회인 아카데미 프랑세즈Académie française는 1635년에 설립되었다.

우리는 오래 사용해서 반질반질해진 나무 탁자를 사이에 두고 마주 앉았다. 회의실 입구에는 격식 있는 차림을 한 나이 지긋한 서비스맨들이 미니 크루아상과 팽 오 쇼콜라를 가져다 놓고 수시로 커피포트를 채우고 있었다.

회의실 분위기는 무거웠다. 협상이 2년 가까이 이어지는데도 아무런 성과가 없다는 사실을 의식해서인지, 양쪽 모두에게서 이번에는 뭔가 구체적인 방안을 도출해내고야 말겠다는 결연한 의지가 느껴졌다.

사흘 동안 마라톤 협상이 계속되었다. 신기하게도 이번 협상은 누가 제안하지도 않았는데 각자 자국어로 이야기하고 내가 통역을 하는 형식이 되었다. 두 사람 모두 모국어가 아닌 영어로 모든 것을 다 표현하는 데 어려움을 느낀 것이었다.

나는 통역까지 하느라고 몹시 힘들었지만, 두 협상대표가 서로 점잖게 영어로 대화를 나누는 것보다는 느끼고 생각하는 바를 솔직히 이야기하는 것 같아, 열심히 두 사람의 대화를 통역했다. 지난해 서울에서 시라크 대통령이 김대중 대통령에게 "두 사람을 가둬놓아서라도 이 지긋지긋한 문제의 해결책을 찾아내자"고 말한 이후 정상 차원의 압박을 받아서인지는 몰라도 살루아 위원은 지난번처럼 무책임하게 말을 던지지는 않았다.

이번에는 과거사 문제는 대화에서 완전히 배제하기로 약속하고, 실질적이고 구체적인 방안에 대해 협의를 해나갔다. 도서 맞교환을 중심으로 논의에 집중하면서 협상이 조금씩 진진되어감을 느꼈다. 그리고 협상 3일째 되던 날, 마침내 양국 민간전문가들은 해결 방안을 내놓았다.

한국-프랑스 민간전문가, 의궤 대 의궤 맞교환 방안에 합의

우리 국내 언론은 이 소식을 대서특필했다. 이 방안의 핵심은 외규장각 의궤 반환협상의 출발점인 '교류와 대여' 원칙에 입각해서, 프랑스가 가지고 있는 어람용御覽用 의궤*를 한국이 똑같은 내용의 책을 여러 권 가지고 있는 분상용分上用 의궤**와 맞교환하며, 그중에서도 특히 한국에는 단 한 권도 없는 유일본唯一本 의궤***를 먼저 선별해 교환한다는 것이었다. 프랑스가 가지고 있는 유일본은 그와 유사한 연대(1630~1857년)에 제작된 의궤 중에서 골라 맞교환하기로 했다.

결국 프랑스에 있는 297권의 외규장각 의궤를 우리가 받아오는 대신 그와 동일한 권수, 동일한 내용, 동일한 연대에 제작된 의궤들을 내준다는 발상이었다. 다른 점이 있다면 프랑스 측이 내주는 책은 왕이 보던 어람용이지만, 우리가 내주는 책은 분상용이란 점이었다. 살루아 위원은 자신의 프랑스박물관장 경력 덕분에 프랑스국립도서관을 힘겹게 설득할 수 있었다며 프랑스로서는 엄청난 양보를 한 최상의 해결책이라고 말했다.

하지만 어렵사리 마련한 이 방안을 두고 언론은 신랄한

• 왕이 친히 열람하도록 제작된 의궤이다. 다른 의궤보다 훨씬 질이 좋은 종이(초주지)를 사용했으며 매 쪽마다 가장자리에 붉은색 테두리를 둘러놓았다. 외규장각 의궤들은 어람용으로 제작되었다.

•• 의궤가 분실되거나 파괴될 경우에 대비하여 미리 여러 권을 동일한 내용으로 만들어둔 의궤이다. 조선 왕실은 분상용 의궤를 전국에 흩어져 있는 여러 서고에 나누어 보관해두었다. 분상용 의궤는 겉표지나 종이를 어람용에 비해 더 질이 낮은 것을 사용하였고, 글씨나 그림도 수준이 떨어졌다.

••• 이후 조사한 바에 따르면 유일본 의궤는 서른 권이었다.

비판을 쏟아냈다. 소나기처럼 쏟아지는 비난 앞에 그야말로 속수무책이었다. 한국에는 존재하지 않는 유일본을 받아오는 것임에도 불구하고, 긍정적인 반응은 어디에서도 찾아볼 수 없었다. 약탈당한 우리 문화재를 찾아오는 데 멀쩡하게 한국에 있는 다른 문화재를 대가로 준다는 발상 자체가 한심하기 이를 데 없다는 것이었다.

급기야 '인질로 잡혀간 장남을 구출하기 위해 차남을 대신 내주는 말도 안 되는 짓거리'라는 치명적인 화살이 날아들었다. 그 화살은 지금까지 수 년 동안 계속된 양국 간 협상의 틀 자체를 무력화하는 무시무시한 위력을 발휘했다. 민간전문가를 통해 돌파구를 마련할 수 있을 거라는 기대는 하루아침에 날아가버렸다.

그로부터 1년 정도 지난 어느 날 아침, 우연히 살루아 위원을 만났다. 파리 시내 한복판에 위치한 호텔에서 열리는 조찬 세미나에 참석하려고 걸음을 재촉하고 있는데, 저만치 살루아 위원이 보였다. 살루아 위원은 내게 반갑게 악수를 청했다. 나는 감사원 건물이 근처에 있다는 사실이 생각나서 출근하는 길이냐고 물었다. 그는 자기 집이 센 강 건너편에 있는데 집에서 사무실까지 튈르리 정원˙을 가로질러 걸어서 다닌다고 했다. 예전 외규장각 의궤 반환협상을 할 때 보았던, 자상한 듯 도도하고 친절한 듯 고집스런 모습 그대로였다. 살루아 위원은 몇 마디 나의 근황을 물었지만, 외규장각 의궤에 대해서는 한마디도 하지 않았다.

• 파리 시내 센 강 오른쪽 기슭에 위치한 정원. 콩코드 광장에서부터 루브르 궁전까지 길게 이어지는 대정원이다.

그 뒤로 나는 대통령자문 정책기획위원회 위원장 자격으로 프랑스를 방문한 한상진 원장과 만나 식사도 같이했지만, 한 원장 역시 협상 이야기는 일절 하지 않았다.

그리고 외규장각 의궤 문제는 또다시 기나긴 미궁 속으로 빠져들어 갔다.

파리에 남긴 **아픈 기억**

그렇게 시간이 지나갔다. 당시 초임 외교관이었던 나는 외규장각 의궤 관련 업무 외에도 매일 엄청난 양의 일을 처리해야 했다. 항상 시간에 쫓기고 점심 식사조차 제대로 못 먹을 정도로 일에 치여 하루하루를 보냈다.

    대사관에 부임한 지도 어느새 1년이 훨씬 지난 2002년 초여름, 나는 둘째를 임신했다. 남편은 아이를 평생 외동딸로 살게 하는 건 부모의 도리가 아니며, 우리가 없어지고 난 뒤에 딸아이가 혼자서 이 세상을 외롭게 살아야 한다는 게 정말 생각만 해도 슬프다며 나를 설득했다. 결국 나는 마흔이 다 된 나이에 둘째를 갖는 어려운 결심을 했다.

    다만 동료들에게 임신 사실을 직접 알리기는 머쓱했다. 당시 우리 대사관에는 서른 명의 외교관이 근무했는데 그중 여자는 나 혼자였다. 모든 것이 워낙 남성 위주로 돌아가고 있었던 데다, 초임 외교관이 임신 사실을 떳떳하게 알릴 수 있는 분위기도 아니었다. 고민하다 아직 임신 3개월이라 겉으로 보기에는 배가 부르진 않았지만 임부복을 입었다. 임부복을 입으면 직원들이 내가 임신한 사실을 알아차리겠지 하고 생각했기 때문이다. 하지만 남자 직원들의 눈썰미란 역시 기대 이하였다. 아무 말도 안 하는 건 그나마 참을 만했는데, "옷이 약간 임부복 같네요"라고 말하는 직원도 있었다. 어쩌면 동료들은 나이 마흔이 다 된 여자가 설마 임신을 했을까 하고 생각했는지도 모른다.

그러던 어느 날 오후, 바쁜 틈을 쪼개 정기검진을 하러 병원에 갔다. 막 초음파검사를 받기 시작했는데, 의사가 아무렇지도 않게 담담한 어조로 말했다.

"아이가 숨을 안 쉬는데요. 유산된 것 같습니다. 이미 좀 된 것 같은데, 빨리 조치를 취해야겠어요."

내 귀를 의심했다. 뭐라 말이 나오질 않았다. 그냥 어정쩡하게 앞으로 해야 할 조치에 대해 몇 마디 설명을 듣고는 병원을 나왔다. 그리고 남편에게 전화를 걸었다.

"아이가 유산됐대······."

말을 이을 수 없었다. 나도 모르게 눈물이 흘렀다. 그리고 가슴이 아파왔다. 어떻게, 어떻게 분명 남편과 몇 마디 말을 나눈 것 같은데, 남편이 뭐라고 말했는지 전혀 기억이 나질 않았다.

겨우 정신을 차리고 담당 산부인과 의사에게 전화를 했다.* 의사에게 그동안 아무런 이상도 감지하지 못했는데 어떻게 이럴 수가 있느냐고 물었다. 의사는 유산이 되어도 아무 증상이나 조짐이 없는 경우도 종종 있다고 설명해주었다. 그리고 당황하지 말라고 하면서 오늘 당장 입원해 수술을 받자고

• 프랑스는 검진을 하는 곳과 진료를 하는 곳이 따로여서 일일이 연락을 해야 했다.

말했다. 수술이 끝난 뒤 의사는 다시 아이를 갖는 데 지장이 없으니 절대 실망하지 말라고 위로했다.

그날 밤, 남편이 딸아이와 함께 병실로 찾아왔다. 아이는 엄마가 이상한 곳에 혼자 누워 있는 것이 낯설었는지 나를 보는 둥 마는 둥 하다 그냥 "엄마 안녕!" 하고 손을 흔들며 병실을 떠났다. 다음 날, 혼자 퇴원 수속을 마치고 집으로 돌아갔다. 빨리 집에 가고 싶었다.

가슴이 찢어지는 듯한 아픔은 그 뒤에 찾아왔다. 나는 며칠 동안 극심한 불면증에 시달렸다. 퇴원하기 전에 담당 의사는 그런 증세가 있을지 모른다며 수면제를 처방해주었다. 하지만 수면제를 먹어도 겨우 한두 시간 잠이 들었다가 다시 일어나 머리칼이 곤두선 채로 밤을 꼴딱 새웠다. 아무래도 잠이 오질 않았다.

정말 미쳐버릴 것 같았다. 고등학교 때 가정 교과서에 이상임신의 한 종류로 나와 있던 포상기태˙의 흉측한 사진이 선명하게 떠올라 매일같이 나를 괴롭혔다. 머릿속엔 온통 그 생각뿐이었다. 나이가 너무 많아서 유산한 것은 아닌가 하고 스스로를 탓했다. 게다가 의사는 아니라고 했지만, 임신 초기에 두드러기 약을 복용했던 터라 내 죄책감은 이루 말할 수 없었다. 한 생명이 내 배 속에서 죽었다는 사실이 몸서리치도록 괴로웠다.

그렇게 사흘 밤을 보내고 다시 업무에 복귀했다. 산더미처럼 쌓여가는 일을 대신 해줄 사람도 없었다. 야속한 일이었

• 태반의 세포가 비정상적으로 증식해 포도송이 같은 모습으로 변하는 이상임신 증세다.

지만, 달리 도리가 없었다. 어쩌면 일에 몰입해서 지내는 것이 나을지도 몰랐다. 그렇지만 하루 종일 일에 시달리다 녹초가 되어 집에 돌아와도 쉽게 잠을 이룰 수 없었다. 그렇게 하루 이틀 시간이 지나면서, 아픔은 서서히 잦아들었다. 그렇다고 사라진 것은 아니었다. 대신 마음속 깊숙이 가라앉고 있었다.

    만약 그 뒤로 아이를 갖지 못했다면 나는 그토록 가슴 아픈 기억을 남긴 파리를 평생 증오하면서 다시는 찾지 않았을지도 모른다. 10년이나 지난 지금도 드라마 같은 데서 누가 유산하고 힘들어하는 장면이 나오면, 신경이 곤두서고 무언가에 짓눌린 듯한 기분으로 지새웠던 그 밤의 기억이 선명하게 떠올라 채널을 돌려버린다.

힘들게 얻은 **둘째 아이**

천만다행으로 8개월 정도 지난 뒤 둘째 아이를 갖게 되었다. 2003년 1월 초, 노무현 대통령이 아직 당선인 신분이던 시절이었다. 프랑스의 드 빌팽 외무부 장관이 한국을 방문해 김대중 대통령과 노무현 당선인을 면담하고, 최성홍 외교통상부 장관과 양자회담을 가질 예정이었다. 나는 서울로 와서 이 모든 회담을 통역하라는 지시를 받고 일시귀국*했다.

모든 회담의 통역을 마친 뒤 나는 곧바로 다시 임지인 파리로 돌아갔다. 파리로 돌아가는 비행기 안에서 계속 속이 메스꺼워 그냥 멀미려니 하고 예사롭게 생각했다. 둘째 아이를 가진 것도 모르고 출장을 갔던 것이다. 유산의 아픈 상처가 겨우 아물어가던 시점에 다시 아이를 갖게 되었지만, 파리에서 서울까지 출장을 다니는 힘든 떠돌이 생활은 계속 이어지고 있었다.

2003년의 여름은 아마도 프랑스 현대사에서 가장 치욕적인 순간으로 기록될 것이다. 꼼짝 않고 머무른 열대성 고기압

---

* 재외공관에 부임해서 근무 중에 있는 외교관이 본부의 허가를 받아 일시적으로 본국을 방문하는 것을 '일시귀국'이라고 한다.

탓에 사상 초유의 더위가 2주 동안 이어지면서, 파리와 수도권 지역에서만 2만 명 이상이 사망하는 참사가 벌어졌다. 특히 독거 노인들이 속수무책으로 희생되었다. 프랑스 같은 선진국에서, 그것도 복지 정책이라면 세계 으뜸이라는 나라에서 단지 더위 때문에 수많은 사람이 죽었다는 건 정말 믿기지 않는 이야기다. 여름에도 기온은 높아도 습도는 낮아서 에어컨은커녕 선풍기 없이도 살 만한 나라였기에 벌어진 일이었다.

둘째 아이는 연일 40도가 넘는 끔찍한 폭염 속에서 태어났다. 파리 시내 유명한 관광지 분수대마다 더위를 피하기 위해 물속으로 뛰어드는 시민과 관광객들로 북적거렸다. 우리 대사관의 통신망 전산 장비는 더위 탓에 멈춰버렸고, 직원들은 장비를 복구하기 위해 어렵게 구한 선풍기를 틀어 기계실의 열기를 빼내느라 안간힘을 쓰고 있었다.

제왕절개 수술 날짜를 정한 뒤 출산휴가를 받고 집에 있던 한 주 동안 도시는 폭염으로 완전히 미쳐버린 상태였다. 나는 욕조에 물을 받고 그 안에 들어가 하루 종일 책만 읽었다. 더위 때문에 뜨거워진 수도관에선 찬물도 나오지 않았다. 미지근한 물속에서 몸이 퉁퉁 불었지만 그래도 욕조에서 나올 수가 없었다. 하루 종일 유치원에 가 있던 딸아이는 저녁이 되면 처참한 모습으로 집에 돌아왔다. 10분 남짓한 거리에 있는 유치원에서 집으로 돌아오는 잠깐 사이에 더위에 완전히 익어버린 것이다. 그래도 아이는 집보다는 유치원에 있고 싶어 했다. 아이 눈에도 남산만 한 배를 하고 지쳐 있는 엄마가 그다지 도움이 되지 않을 것처럼 보였는가 보다.

그러고는 2주 만에 거짓말같이 평소 날씨가 돌아왔다. 경

찰과 국가 헌병대가 총동원되어 인기척이 없는 아파트의 문을 따고 들어가 일일이 사망자를 확인하는 대대적인 수색 작업이 벌어졌다. 그렇게 발견된 시신을 안치할 공간이 모자라 교외에 있는 냉동 창고를 사용하기도 했다. 뒤늦게 휴양지에서 돌아온 사람들은 친지의 생사를 확인하느라 난리였다. 그야말로 국가적인 위기였다.

8월 20일 저녁 병원에 입원해서 하룻밤을 보냈다. '아, 하루만 지나면 이 무거운 배에서 해방된다.' 아이를 얻는 기쁨도 기쁨이지만 무엇보다도 육중한 임산부의 몸에서 해방되고 싶은 게 당장의 심정이었다.

수술 예정일 아침, 갑자기 쾅 하는 무시무시한 폭음이 귀를 갈랐다. 이어서 거대한 폭포에서 물이 쏟아지는 것 같은 소리가 계속 이어졌다. 소리가 너무 커서 다른 소리는 하나도 들리지 않았다. '아, 테러다!' 순간적으로 생각했다. 9.11 테러[*] 이후 테러에 국제사회의 관심이 집중되고 있던 시기였다.

병원으로 오고 있을 남편에게 얼른 전화를 했다. 폭음 때문에 전화 소리가 거의 들리지 않았다. 대수롭지 않게 내 말을 듣던 남편은 처음에는 별일 아닐 거라며 곧 도착하니 조금만 기다리라고 나를 안심시키더니, 병원 근처에 와서는 "어, 저게 뭐지? 시커먼 연기가 기둥처럼 솟아오르고 있어" 하고 놀란 듯 소리를 질렀다.

나중에 알았지만, 병원 바로 앞에서 하수도가 폭발한 것

---

[*] 2001년 9월 11일, 이슬람 대테 단체가 항공기 네 대를 납치해서 미국 뉴욕의 110층짜리 세계무역센터 쌍둥이 빌딩과 워싱턴 국방부 청사 펜타곤을 공격한 자살 테러 사건이다. 이 사건 이후 전 세계가 테러에 대한 두려움으로 몸살을 앓았다.

이었다. 빅토르 위고의 소설 《레 미제라블》에는 장 발장이 의 붓딸 코제트의 애인을 업고 하수도를 통해 피신하는 장면이 나온다. 파리 시의 방대한 하수도는 사람이 걸어 다닐 수 있는 높이로 만들어져 있는데, 지하에 또 하나의 파리가 있다고 할 정도다. 그런데 폭염 때문에 그 안에 가득 찬 메탄가스가 한순간에 터져 나온 것이다. 메탄가스가 솟구쳐 오르는 소리는 한 시간 이상 계속되었다. 주변 건물의 창문은 산산조각이 나고 주차된 차 수십 대가 부서졌다. 간호사들은 무슨 영문인지도 모른 채 테러에 대비해 임산부들을 피신시켰다. 병원은 그야말로 아수라장이었다.

나는 병원 침대에 멍하게 누운 채 이리저리 옮겨졌다. 문제는 예정된 수술 시간인 아침 10시에 수술을 할 수 없게 된 것이었다. 병원 안의 상황도 상황이려니와 무엇보다도 병원 주변 교통이 모두 통제되어 수술을 해야 할 의사가 병원에 올 수 없었다. 병원 100미터 전방에 쳐놓은 바리케이드 앞에서 남편과 의사가 함께 발을 동동 굴렀다는 얘기는 나중에 의사에게 들었다. 나는 간호사들에게 애절한 목소리로 연신 물었다. 오늘 수술할 수 있냐고…….

겨우 주변이 정리된 오후 3시쯤 둘째가 태어났다. 예정했던 수술 시간에 맞춰 태어나지 못하는 걸 보면 출생은 정말 운명인가 보다. 그렇게 제왕절개 수술은 했는데, 아침에 일어난 사고로 주변 지역의 수돗물 공급이 모두 중단되어 아기를 씻길 방법이 없었다. 아기는 배 속에서 나온 상태 그대로 인큐베이터 안으로 옮겨졌다. 두 시간쯤 지난 뒤 간호사가 아기가 너무 안쓰럽다며 포트에 생수를 끓이더니 아기 얼굴을 대충 씻

겼다. 그날 저녁 딸의 산후 조리를 해주려고 서울에서 오신 친정 엄마가 온전한 아기 얼굴을 보실 수 있어서 그나마 다행이었다.

벽에 **부딪힌** 협상

2004년 2월, 나는 외교통상부 본부로 귀임 발령을 받고 귀국했다. 파리에서 3년간 근무하는 동안 한 아이를 유산하고, 다시 우여곡절 끝에 둘째 딸을 낳고, 다시 서울로 돌아왔다.

외규장각 의궤 관련 업무는 계속되었다. 이 일은 마치 거대한 산처럼 내가 어디에 있든 계속 따라와 다시 내 앞에 우뚝 서는 것 같았다. 민간전문가 간 협상 체제는 2004년 9월에 다시 정부 간 협상 체제로 바뀌었고, 양국 정상은 합리적이고 현명한 해결책을 모색하자고 합의했지만 여전히 묘안은 없었다. 묘안은커녕 시도해볼 만한 방안 자체가 없었다.

나는 협상이 번번이 교착 상태에 빠진 이유가, 불행히도 첫 단추를 잘못 낀 채로 옷을 입으려다가 급기야는 억지로 몸을 꿰맞추려는 시도를 계속했기 때문이라는 생각을 떨칠 수 없었다. 아무래도 시작부터 뭔가 잘못되었다는 생각에 협상 경위를 다시 한 번 되짚어보기로 했다.

미테랑 대통령이 1993년에 한국에 와서 외규장각 의궤를 돌려주겠다고 했지만, '의궤를 돌려주려 해도 거의 무력을 써야 하는 상황'이라고 하소연했다. 그리고 1993년 9월 김영삼

대통령과 미테랑 대통령은 정상회담에서 그냥 '반환'이 아닌 '교류와 대여'에 합의할 수밖에 없었다. 바로 여기에 문제의 열쇠가 있었다.

이 대목은 프랑스 문화재법에 명시된 '문화재 불가양不可讓 원칙'을 암시한다. 이 원칙은 프랑스가 소장하고 있는 어떤 문화재도 임의로 타국에 양도할 수 없다는 규정이다. 즉, 문화재법을 개정하지 않고는 문화재의 해외 반출은 불가능하며 아무리 대통령이라고 해도 문화재에 대해 자의적으로 결정할 권한이 없다는 것을 의미한다. 아울러 문화재 보호와 관리를 책임지고 있는 문화계 전문가들이 철저하게 정부의 협상을 감시하고 이에 개입하며 영향력을 행사한다는 사실도 암시한다. 양국 간에 진행될 협상의 험난한 과정은 1993년부터 이미 예견되어 있었다.

1993년 9월 방한 중 기자회견을 갖는 미테랑 대통령.
반환 약속은 약속일 뿐, 넘어야 할 산이 여럿이었다.

또 미테랑 대통령은 방한 일정을 마치고 귀국하기에 앞서 가진 기사회견에서 "프랑스에는 문화재 보호를 위한 법이 존재하며, 양국은 '교류와 대여'를 통해 이 문제를 해결할 것이다. 프랑스 박물관을 텅 비게 할지도 모르는 판도라의 상자는 열지 않을 것이다"라고 밝혔다. 아울러 "훌륭한 문화유산을 서로 맞교환함으로써 양측 모두에게 이익이 되는 방법을 찾을 것"이라고 언급했다.

외국의 문화재 반환 요청에 대해 조금이라도 양보하기 시작하면 결국 나폴레옹 원정과 제국주의 시기를 거치면서 이탈리아, 러시아, 이집트, 중국, 알제리, 인도차이나 등에서 가져온 수많은 문화재들로 채워놓은 프랑스 박물관들이 텅 비게 되리라는 것이 프랑스 문화계의 논리다. 이러한 상황에서 '문화재 불가양 원칙'은 외규장각 의궤 반환협상이 진행되는 내내 넘을 수 없는 산이 되어 우리를 괴롭혔다. 게다가 당시 프랑스 정부는 좌파 대통령과 우파 내각이 함께하는 소위 동거정부라는 기이한 상황에 처해 있었다. 미테랑 대통령이 이끄는 좌파가 총선에서 패배하는 바람에 우파가 실권을 잡게 된 것이다. 대통령은 그야말로 실권 없이 정적政敵들에 둘러싸여 국정을 운영하는 허수아비 정상인 셈이었다.

결국 완전한 반환은 어려운 상황에서 '교류와 대여' 원칙에 근거하여 협상을 진행할 수밖에 없었다. 그런데 '교류와 대여' 중 '대여'는 프랑스 국내법과 연관된 법적인 문제이니 내버려두더라도 바로 '교류' 때문에 우리는 프랑스에 무언가를 교환 품목으로 내주어야 했다. 그 협의만으로 많은 시간이 흘러버렸다. 게다가 몇 년 동안 도서 목록을 두고 줄다리기를 하느라 지친 상황에서 프랑스 측의 '등가등량의 교환' 요구에 막다른 골목으로 내몰렸으니, 협상에 진전이 있을 턱이 없었다.

1991년 한국 정부가 프랑스 정부에 외규장각 의궤 반환

을 공식 요청한 이래 외교통상부에서 프랑스 관련 업무를 맡은 직원치고 이 미해결 현안 속에 파묻혀보지 않은 사람은 한 명도 없을 것이다. 다들 관련 부서에 새로 부임할 때마다 뭔가 해볼 수 있을 거라는 기대 속에 기록을 뒤지고, 사람을 만나고, 새로운 방안을 강구하고, 벽에 부딪혀 좌절하고, 그러다가 시간이 지나 다른 부서로 발령이 나고, 이런 수순이 계속 되풀이되고 있었다.

나 역시 그런 외교통상부 직원들 중 한 사람에 불과했다. 처음 외교관이 되었을 때부터 외규장각 의궤 문제를 맡았고, 프랑스에서 근무한 3년 동안 관련 업무를 계속했다. 그리고 2004년에 외교통상부 본부로 귀임해서도 이 일을 맡았다.

결국 외규장각 의궤 문제는 나의 외교관 인생 전체를 지배하고 있는 것과 마찬가지였다. 내가 어디를 가든 계속 따라오면서 끊임없이 나를 짓누르고 있었다. 하지만 외규장각 의궤 문제의 묵직한 솥뚜껑은 닫힌 그대로였다. 누구도 감히 솥뚜껑을 열어보려는 엄두조차 내지 못했다. 프랑스로서는 이런 상황을 굳이 건드릴 이유가 없었다. 그렇게 양측 모두 침묵한 상태에서 시간만 지나갔다.

2.

북아프리카의

외교관

혹독한 **출장** 일정

2006년 2월 11일, 세네갈의 수도 다카르를 출발한 비행기는 동이 트기도 전에 파리 공항에 도착했다. 워낙 이른 새벽이라 텅 비어 있는 공항은 몹시 을씨년스러웠다. 비좁은 비행기 좌석에 낀 채로 유난히 덩치가 큰 아프리카 사람들 틈바구니에서 잠자는 시늉만 하며 하룻밤을 보내서인지 머리가 지끈거렸다. 공항 밖으로 나오자 스산한 파리의 한겨울 날씨가 새벽 공기를 타고 피부를 파고들었다. 몸이 으스스 떨렸다.

파리 시내로 들어오니 새벽 6시쯤 되었다. 우리 대사관 근처에 예약해둔 호텔로 갔다. 새벽에 들어가 잠시 눈만 붙이고 나오는 대신 조금 늦게 체크아웃하기로 호텔 주인과 미리 교섭을 해놓았다. 좁은 방 한편에 트렁크를 세워두고 시계 알람을 12시에 맞춘 뒤 감기약 한 봉지를 입에 털어 넣고는 그대로 잠이 들었다.

이번 출장 일정은 가히 살인적이었다. 서울을 출발해 프랑스 파리로 가서, 혼자 콩고 브라자빌로 이동해 현지에서 외교통상부 장관 일행과 만나 장관의 콩고 공식방문 일정을 마친 뒤, 다시 장관과 함께 파리로 와서 프랑스 공식방문을 수행했다. 그 다음에 파리에 도착하는 국무총리를 맞아 함께 다카르로 가서 세네갈 공식방문 일정을 끝내고, 혼자 다시 파리로 돌아와야 했다. 2주에 걸쳐 파리와 적도 부근 아프리카를 오르락내리락 몇 차례 왕복하는 일정이었다. 그리고 모든 일정을 끝낸 뒤에는 서울로 돌아가는 대신 곧바로 튀니지로 부임하도록 되어 있었다.

서울 → 프랑스 파리 → 콩고 브라자빌 → 프랑스 파리 → 세네갈
              반기문 외교통상부 장관 수행 ──── 이해찬 국무총리 수행 →
다카르 → 프랑스 파리 → 튀니지 튀니스(부임)

이렇게 어마어마한 북반구 왕복 일정이 나에게 떨어진 것은 1월 초였다. 그때 나는 이미 한 달 전에 튀니지 부임 발령을 받은 상태였다. 미지의 부임지를 앞에 두고 기대 반 두려움 반으로 이삿짐을 정리하고 아이들 입학서류, 예방접종서류 같은 것들을 챙기면서, 동시에 그동안 내가 맡았던 업무를 마무리하고 인수인계서를 작성하느라 분주한 날들을 보내고 있었다.

그러던 중 갑자기 반기문* 외교통상부 장관이 프랑스와 콩고를 공식방문하게 되었다. 외교통상부 유럽국에서 프랑스를 담당하던 나는 그 즉시 반 장관의 프랑스 방문을 준비했다. 한국-프랑스 외교부 장관 회담 의제를 조율하고, 회담 자료를 준비하고, 각종 연설문을 작성하고, 그야말로 정신을 차릴 수 없는 날들이 이어졌다.

• 반기문 유엔 사무총장은 2004년부터 2006년까지 외교통상부 장관을 지냈고, 장관 재임 중이던 2005년에 유엔 사무총장직에 출사표를 던져 2006년 10월에 당선되었다.

내 업무는 여기서 끝이 아니었다. 당시 나는 유럽국의 일과는 별개로 대통령의 프랑스어 통역이기도 했다. 우리나라는 관례적으로 대통령의 통역을 현역 외교관들이 담당해왔다. 여러 이유가 있지만 두 가지만 꼽자면, 정상회담에서 대통령의 입이 되어 통역을 하려면 아무래도 우리나라의 주요 정책과 대통령의 외교 비전에 대해 제대로 알고 있어야 한다는 것과 외교 현안에 대한 구체적인 지식 없이는 정확한 통역이 어렵다는 것이다. 나는 1998년부터 김대중 대통령 임기 5년과 노무현 대통령 임기 5년, 합쳐서 10년 동안 대통령의 프랑스어 통역을 맡았다.

물론 국무총리와 외교통상부 장관의 통역을 맡기도 했다. 이번에 반기문 장관이 방문할 콩고도 프랑스어권이다 보니 두 나라를 수행하며 통역까지 해야 했다. 아주 제대로 걸렸다. 하지만 우리나라의 외교관 대부분이 보따리를 들고 부임지로 떠나는 비행기에 오르기 직전까지 업무를 하는 처지이다 보니 뭐라 토를 달 수도 없었다.

엎친 데 덮친 격으로 또 다른 일이 생겼다. 세네갈을 방문하는 국무총리의 통역을 맡으라는 지시를 받았다. 유엔 사무총장직에 출사표를 던진 반기문 후보를 위해 대통령까지 직접 나서서 주요국들을 방문하여 지지 요청을 하던 상황에서, 이해찬 총리의 세네갈 공식방문이 확정된 것이다. 나는 도저히 총리를 수행할 수 없는 상황이라고 설명했지만 소용없었다. 국무총리의 프랑스어 통역을 맡을 사람이 달리 없었던 것이다. 결국 프랑스와 아프리카를 오가면서 반기문 장관을 수행한 뒤에 프랑스에서 총리 일행을 만나 다시 세네갈까지 가는 것으로 일정이 정해졌다. 두 고위 인사의 해외 방문 일정을 모두 수행하고 나서, 그러니까 서울을 출발하여 콩고, 프랑스, 세네갈을 차례로 돌아다니며 업무를 마치고 난 뒤 파리 공항에서 식구들과 만나 곧장 튀니지로 부임하라는 기막힌 결정이 내려진 것이다.

일단 급한 대로 이삿짐을 대충 꾸려 튀니지로 보냈다. 남들은 이임에 앞서 친지를 방문하고, 건강검진을 받고, 환송회도 한다고들 야단인데 내겐 모든 것이 사치였다. 반기문 장관의 프랑스 공식방문 준비로 연일 야근이 이어졌다. 반기문 유엔 사무총장 후보가 유엔 안전보장이사회 상임이사국* 중 하나인 프랑스를 방문해서 차기 사무총장감으로 '선'을 보여야 하는 자리인 만큼 준비할 자료도 평소 장관의 해외 방문 때보다 훨씬 더 많았다. 게다가 반 장관 자신도 각별한 관심을 쏟고 있었기에 긴장하지 않을 수 없었다. 반 장관은 자신의 입후보 지지 교섭을 위해 유엔 상임이사국 5개국과 비상임이사국** 10개국을 직접 방문했다. 물론 이번 콩고와 프랑스 방문도 그런 연유에서였다. 반 장관은 프랑스 방문에 앞서 먼저 콩고의 수도 브라자빌로 향했다.

콩고의 상황은 상상했던 것보다 훨씬 더 열악했다. 길거리는 사람과 소달구지와 짐승들이 한데 어울려 돌아다니는 통에 아수라장 그 자체였다. 아이들은 온통 흙먼지를 뒤집어쓴

• 유엔의 중요 사안을 결정하는 안전보장이사회에서 임기 제한 없이 의석을 보유하는 다섯 나라인 미국, 영국, 프랑스, 중국, 러시아를 말한다.
•• 2년 임기로 매년 5개국을 선출하는데, 각 지역별로 의석이 할당되어 있다. 2006년 당시 유엔 안보리 비상임이사국은 아르헨티나, 그리스, 카타르, 콩고, 일본, 슬로바키아, 덴마크, 페루, 탄자니아, 가나였다.

채 길옆 시궁창에서 뛰어다니고 있었다. 진흙과 쓰레기가 한데 뒤섞여 널려 있는 사이사이로 앙상하게 뼈만 남은 노인들이 봇짐을 나르고 있는 모습도 보였다. 덥고 습한 브라자빌의 기후는 사람을 지치게 만들었다. 잠깐만 앉아 있어도 새까맣게 모기떼가 달려들었다. 일부러 스타킹을 신고 긴팔 옷까지 입었는데도 모기떼를 막을 수 없었다. 수시로 모기약을 뿌려야 했다.

나흘간의 일정을 마치고, 열대 지방인 콩고를 떠나 차가운 겨울비가 부슬부슬 내려 날씨가 스산한 파리에 도착했다. 빡빡하고 긴장되는 프랑스 방문 일정은 이런 극단적인 기온의 대비 속에서 시작되었다.

유엔 사무총장직에 도전장을 낸 반 장관에게는 걱정이 하나 있었다. 바로 프랑스어였다. 유엔을 설립한 나라 중 하나인 프랑스가 유엔 사무총장의 필수 자격 요건으로 프랑스어 구사력을 강력히 요구하고 있었다. 이번 프랑스 방문은 바로 그 시험대였다.

프랑스는 외교 무대에서 꾸준히 독자적인 목소리를 내는 것으로 과거 화려했던 '외교 지존'으로서의 생색을 톡톡히 내고 있다. 프랑스어가 모국어이거나 공식적으로 통용되는 국가들의 모임인 프랑코포니* 가입국이 50개를 넘는 상황이니 나름 유엔에서 큰소리를 치며 터줏대감 행세를 할 만도 하다. 게다가 유엔의 공용어 중 가장 많은 국가가 사용하는 언어가 프

• 프랑스어를 사용하는 인구가 많거나 프랑스어의 영향을 많이 받은 국가들로 구성된 국제기구이다. 1997년 총회부터 프랑스어권국제기구라는 공식 명칭을 사용하고 있으며, 정기적으로 정상회담과 운동 대회를 개최하고 있다.

랑스어이다 보니, 전 세계 국가들을 상대해야 하는 유엔 사무총장의 업무 수행에 프랑스어가 무척 중요한 것은 분명하다. 반 장관은 유엔 사무총장직에 입후보한 그날부터 연일 프랑스어 공부에 매달렸다. 그리고 나는 수시로 반 장관의 프랑스어 연습을 도왔다.

2010년 10월 프랑스 스트라스부르에서 만난 반기문 총장.
반 총장은 당시 사무총장직 재선을 준비하고 있었다.

외교통상부 장관이 외국을 방문하면 기본적인 '세트 메뉴'처럼 필수적으로 진행하는 일정이 있다. 우선 상대국 외교부 장관과 양자회담을 갖고, 이어서 업무 오찬이나 만찬을 함께한다. 그 나라 정상의 일정이 허락하는 범위 내에서 대통령이나 총리를 면담하기도 한다. 가끔은 방문국에서 관심을 가질 만한 주요 외교 이슈를 정해 유명한 연구소나 대학교 같은 곳에서 강연을 하는 학술적인 일정을 잡기도 한다. 현지에 주재하는 특파원들을 만나 외교 현안에 대해 설명하거나 현지 교민들을 만나는 일정도 진행한다.

이번에 프랑스를 방문한 반기문 장관은 이런 일반적인 일정 이외에 별도로 반드시 해야 하는 일이 있었다. 프랑스 정부의 인정을 받기 위한 후보 검증 절차를 스스로 만들어 진행하는 것이었다. 한마디로 자기 홍보를 해야 했다. 반 장관은 전통적으로 프랑스 고위 정치인들의 등용문이자 정치외교 분야 엘리트를 배출해온 소수 정예 교육기관인 파리정치대학교*에서 프랑스어로 연설을 했다. 프랑스가 요구하는 프랑스어 구사력 그리고 유엔 사무총장 후보로서의 국제 정책에 관한 자신의 미래상을 동시에 보여주고자 선택한 일정이었다. 200명에 이르는 외교관, 정치인, 언론인들이 모인 파리정치대학교 대강의실에서 반 장관은 훌륭히 연설을 해냈다. 청중이 모두 일어나서 박수를 칠 정도였다. 앞으로는 누구라도 반 장관의 프랑스어 구사력을 두고 왈가왈부할 수 없도록 쐐기를 박았음을 확인할 수 있었다.

콩고와 프랑스의 모든 일정을 마친 반 장관이 다음 행선지로 떠난 뒤, 나는 그대로 나가떨어졌다. 무리한 일정과 극도의 긴장 때문에 쌓인 그간의 피로가 한꺼번에 밀려온 탓이었다. 다음 날 파리에 도착할 이해찬 국무총리 일행을 기다리며 호텔 방에서 거의 사경을 헤매다시피 혼자 끙끙 앓았다. 이런 자신이 너무 처량하게 느껴졌다. 다들 이렇게 살고들 있는 건가, 아니면 나만 유독 이런 건가 하는 깊은 회의가 밀려들었다. 서울에 두고 온 아이들이 보고 싶었다.

이해찬 국무총리 일행과 함께 도착한 세네갈은 무척 더웠다. 우리 대표단의 세네갈 방문 일정 중에는 다카르 연안에 위

---

* 1872년 설립된 정치학 중심의 그랑제콜이다. 흔히 시앙스포 Sciences Po라고 불리며 역대 프랑스 대통령, 총리, 각료들 상당수가 이 학교에서 함께 수학한 동창생들이다. 우리 외교부와도 교류약정이 체결되어 있다.

치한 옛 노예무역 중심지 고레 섬 방문 프로그램도 있었다. 검푸른 대서양에 떠 있는 이 작은 섬에는 노예무역이 이루어지던 당시 노예들을 가둬두었던 흙벽으로 된 수십 채의 막사가 지금도 그대로 남아 있다. 노예상들은 아프리카 대륙에서 잡아들인 노예들을 이 막사에 한데 몰아 가둬놓고, 품질을 따진 뒤 값을 매겨서 노예를 사러온 무역상에게 넘겼던 것이다. '노예의 집'이라고 불리는 이 건물은 대서양에서 벌어진 노예무역의 참혹한 역사를 고스란히 간직하고 있다. 고레 섬의 총책임자인 나이 지긋한 세네갈 인사가 이곳저곳을 안내하면서 격앙된 목소리로 당시 노예들의 참상에 대해 쉬지 않고 설명했다. 통역하면서 나도 모르게 온몸에 전율이 흘렀다.

고레 섬을 둘러보면서, 아프리카 흑인들이 서양에 대해 가지고 있는 원한은 하루 이틀 사이에 해소될 수 없는 뼈저린 것이라는 생각이 나를 사로잡았다. 며칠 전 콩고에서 보았던 처참한 장면들이 떠올랐다. 오늘날 아프리카 사람들이 겪는 기근과 불행의 책임은 결국 수백 년간 그들을 짐승처럼 부리며 착취했던 서양 열강에게 있으니, 과연 이 증오심이 언제나 사라질 수 있을까 하는 의문이 막연한 안타까움과 함께 밀려들었다. 오늘날 선진국들이 너도나도 과거의 죗값을 치르겠다며 생색내기 식으로 던져주는 원조 몇 푼으로는 절대 해결할 수 있는 일이 아니라는 생각이 들었다. 고레 섬에서의 우울한 소회를 품고 통통배에 올라 섬을 떠날 때, 세네갈 사람들이 부둣가에서 우리를 떠나보내며 치는 북소리가 너무도 애잔하게 들렸다.

다카르 공항에서 총리 일행을 보내드리고, 다음 날 밤 비행기로 다시 파리로 돌아왔다. 며칠 사이 지구 북반구를 몇 번이고 오르락내리락한 것이다. 보름 동안 살인적인 출장에 몸도 마음도 지칠 대로 지쳐 있었지만, 이내 가슴이 두근거렸다. 모든 일정을 끝내고 드디어 그리운 식구들을 만날 시간이 된 것이다.

내가 서울을 떠난 뒤 식구들은 모두 친정 부모님 댁에서 지내고 있었다. 한창 동글동글 폭신폭신한 세 살배기 둘째를 품에 안으면 무슨 말을 먼저 해야 할까? 아이들은 낯선 공항에서 만나는 엄마를 어떻게 대해줄까? 남편 혼자 어린애 둘을 데리고 비행기 안에서 얼마나 고생했을까? 머릿속엔 온통 식구들 생각뿐이었다.

오후 1시경에 호텔에서 나와 내키지도 않는 파리 시내 구경을 하다 일찌감치 공항으로 갔다. 저녁 6시쯤 도착할 비행기를 목이 빠져라 기다렸다. 이윽고 빨간 모자가 달린 코트를 껴입고 뒤뚱거리며 뛰어오는 꼬맹이가 저만치 보였다. 그 뒤로 언제나처럼 수줍어하며 쭈뼛거리는 큰애 그리고 베이비캐리어를 진 남편의 모습이 보였다.

드디어 나의 대장정이 끝이 났다. 파리 공항에서 극적으로 상봉한 네 식구는 임지로 떠나는 튀니지행 비행기에 함께 몸을 실었다. 시차 때문에 비행기 안에서 내내 잠에 취해 눈을 뜨지 못하면서도 둘째 딸은 엄마 손을 꼭 잡고 놓지 않았다. 오랜만에 만난 엄마랑 또 언제 헤어질지 모른다는 생각을 하는 것 같아 애처로웠다.

나는 나대로 그동안 긴장되고 지쳤던 몸이 한순간에 녹아

내리듯 축 늘어져서, 잠든 아이 얼굴을 바라만 볼 뿐 잠을 청할 수 없었다. 그래도 좋았다. 식구들과 같은 공간에 함께 있는 것만으로도 충분히 행복했다.

햇빛과 재스민의 나라 튀니지

"어머, 저렇게 커다란 파인애플도 있네!"

튀니스 공항 앞에 죽 늘어선 커다란 야자수를 보고 여덟 살 난 큰애가 말했다. 잎이 짙푸르고 몸통이 두꺼운 야자수들은 정말로 거대한 파인애플처럼 보였다.

튀니지. 아프리카 북쪽 끄트머리에 지중해를 끼고, 이탈리아의 시칠리아 섬을 마주하고 있는 나라. 나이 스물아홉에 코끼리 떼를 몰고 알프스 산맥을 넘어 로마군의 허를 찌르고 종횡무진 활약했다는 전설 같은 맹장 한니발의 고향.

떠돌이처럼 살아야 하는 외교관이라는 직업이 고달프다는 생각을 자주 하지만, 정말 이 길을 가기를 잘 했다는 생각을 하는 때가 있다. 미지의 장소에서 전혀 예상치 못한 사람을 만나게 될 때다. 부임지로 향하는 마음이 설레는 것도 분명 이 때문일 것이다. 세상의 중심은 사람이고, 외교는 바로 사람을 만나는 일이다. 나는 외교관이라는 직업의 보람은 바로 사람을 만나는 데서 비롯한다고 생각한다.

과연 여기는 어떤 곳일까. 나는 어떤 사람들을 만나게 될까. 아이들은 이 나라에 잘 적응해줄까. 많은 생각이 머리를 스쳤다. 두 번째 해외 근무지인 튀니지에서의 생활은 이렇게 시작되었다.

튀니지 사람들은 우리와 비슷한 점이 많았다. 명절* 때 음식을 나누어 먹는 관습은 우리나라의 설날이나 추석 풍경과 닮은 꼴이었고, 장기 독재**로 피폐해진 힘겨운 삶에도 불구하고 교육열이 높다는 점도 우리와 비슷했다. 북동쪽의 쪽빛 지중해와 남쪽으로 끝없이 펼쳐진 올리브 농장을 빼면 천연자원이라고는 없다시피 한 나라의 1인당 국민소득이 아프리카에서는 보기 드물게도 3천 달러 수준인 배경에는 이런 교육열이 있었다.

아무리 돈이 없어도 자녀를 귀하게 여기고 교육에 온 정성을 쏟는 튀니지 부모들을 보면 정말 우리네 부모들과 비슷한 것 같아 애착이 갔다. 실제로 내가 만난 튀니지 사람들은 하나같이 우리나라를 부러워하며 자기들처럼 식민 지배를 받았던 어려운 여건 속에서 천연자원도 없이 오늘날처럼 경제를 발전시킨 비결을 배우고 싶어 했다.

늘 우중충한 날씨 속에 사는 유럽 사람들은 여름이면 구름이라고는 찾아볼 수 없는 하늘과 작렬하는 태양, 쪽빛 바다를 찾아 튀니지로 몰려들었다. 값싸면서 시설 좋고 잘 다듬어

* 이슬람 종교축일 아이드Aid를 말한다. 양을 잡아 자신들의 죄를 씻는 종교적 의미를 담고 있어, 흔히 '양 잡는 날'로 통한다. 아이드가 가까워지면 사방에서 양을 볼 수 있고, 길거리에서 양을 파는 상인들도 많다. 심지어 프랑스 자본 대형마트에서도 살아 있는 양과 양을 잡는 데 필요한 도구를 함께 판매한다.
** 튀니지는 1881년부터 75년간 프랑스의 보호령으로 식민 지배를 받다가 1956년 독립을 쟁취했다. 하지만 불행히도 역대 대통령은 1957년부터 30년간 독재한 부르기바 대통령과 1987년부터 독재 중이던 벤알리 대통령, 이렇게 달랑 두 명뿐이었다.

진 휴양지는 여름 내내 늘 초만원이었다. 뜨거운 모래사장에 누워 앞뒤로 골고루 '굽고' 싶은 유럽 사람들에게 튀니지는 가고 싶은 바캉스 장소 1순위다. 고대 로마인들이 지중해 너머에 있는 지금의 튀니지를 '햇볕이 밝고 따뜻한 곳'이라는 의미를 지닌 아프리Afri라고 불렀고, 거기서 지금의 아프리카Africa라는 단어가 유래했다는 설도 있지 않은가.

하지만 그렇게 벌어들이는 외화 수입은 불행히도 대부분 벤알리 정권 유지에 투입되었다. 튀니지 경제의 가장 큰 수입원인 외국인 관광객을 더 많이 끌어들이려면 치안을 강화해야 한다는 미명하에 곤봉을 든 경찰들이 거리를 활보했다. 아름다운 바닷가에 그림처럼 줄지어 있는 파란 창문을 단 하얀 집들. 이 그림엽서 같은 풍경 뒤에는 하루하루 끼니를 이으려 좀도둑질을 해야 하는 지치고 굶주린 국민들의 멍든 가슴이 있었다.

나는 튀니지에 살면서 늘 마음 한구석이 답답했다. 그런데 이 답답함이 어디에서 오는지 도무지 알 수가 없었다. 지중해 외에는 특별히 볼 곳도 갈 곳도 마땅치 않으니 집과 대사관이 내 일상의 전부인지라, 처음에는 단조로움 때문인가 보다 하고 생각했다. 하지만 그게 아니라는 사실을 깨달았다. 여러 업무를 처리하면서 공무원을 비롯한 많은 사람들과 수시로 만났는데 모든 것이 정부 주도하에 이루어지고 공무원마저 철저하게 감시받고 있다는 것을 알게 되었다. 전혀 다른 분야의 튀니지 인사를 만나는데 어떻게 알았는지 튀니지 외교부 직원이 동석하는 일이 종종 있었다. 튀니지 외교부 직원들은 식사에 초대하려 해도 상부의 허가를 받아야 한다며 극구 사양했다.

국가 전체가 철저한 감시하에 있었던 것이다.

오랜 독재 때문에 자포자기한 탓인지 튀니지 사람들은 너무나 순종적으로 보였다. 우리들은 대학 시절 매일같이 최루탄 연기 속에서 이리저리 쫓겨 다니며 간절한 염원을 담아 민주주의를 외쳤는데 왜 이 나라 젊은이들은 시위 한 번 하지 않는 걸까? 튀니지에서 2년을 보내는 동안 단 한 번도 농성이나 시위를 하는 광경을 본 적이 없었다. 프랑스 식민지로 75년을 살았지만 결국은 스스로 독립을 쟁취한 사람들. 독립 후에도 남녀노소 할 것 없이 힘을 합해 자기들보다 더 오래 식민통치를 당한 알제리의 독립 전쟁을 도운 사람들. 그런데 지금은 왜 이리도 순종적이고, 모든 것을 포기한 것처럼 수동적일까. 나는 도무지 이해할 수 없었다.

하지만 이건 겉으로 고통을 드러내지 않는 튀니지 사람들을 잘 몰랐기 때문에 한 피상적인 판단에 불과했다. 벤알리 대통령은 독재 정권을 유지하기 위해 경찰을 동원하여 닥치는 대로 반대 세력을 잡아 가두고 고문하고 그 가족들까지 찾아내 격리시키고 있었다. 그리고 철저한 언론통제로 이 모든 만행을 감추었다. 그렇게 곪아 들어가는 뼈아픈 상처를 튀니지 사람들은 이를 악물고 참았던 것이다. 그 아픔 속에서 혁명이 잉태되어 가고 있었다.

튀니지를 떠난 지 한참이 지난 어느 날, 한여름 소낙비처럼 시원한 소식이 들려왔다. 튀니지에 있던 2년 동안 줄곧 내 마음을 짓눌렀던 답답함은 이 소식을 듣는 순간 놀라움과 감동으로 바뀌었다.

재스민 혁명! 튀니지 국민이 일어선 것이다. 2010년 12

월, 튀니지의 낙후된 중부 지역 도시인 시디 부 지드의 거리에서 무허가 노점상을 하던 대졸 학력의 청년이 단속 경찰에게 구타당하고 유일한 생계 수단을 빼앗긴 뒤 스스로 몸에 불을 질러 자살했다. 이 사건이 발단이 된 민중 봉기는 순식간에 온 국민을 분노로 들끓게 만들었고, 혁명의 물결이 전 국토로 퍼져나갔다. 곪은 상처가 터진 것이다. 대학을 졸업해도 일자리를 구하기는커녕 입에 풀칠하기도 힘든 극심한 생활고, 집권층의 억압과 부정부패에 지칠 대로 지친 튀니지 국민들이 민중 항쟁으로 맞선 것이다. 23년간 국민을 짓밟았던 벤알리 대통령이 결국 무릎을 꿇고 사우디아라비아로 망명하면서 독재는 막을 내렸다. 튀니지 국민의 인고의 세월도 끝이 났다.

튀니지에서 시작된 민주화 운동은 이름에 튀니지 국화인 재스민*을 붙여 '재스민 혁명'이라 불리며 이웃 아랍 국가로 급속도로 퍼져나갔다. 재스민 혁명 소식을 접한 지 얼마 되지 않은 어느 날, 튀니지 우리 대사관에서 행정 지원 인력으로 일했던 튀니지 여직원 보쉬라가 추천서를 써달라며 이메일을 보내왔다. 답장을 쓰면서 "너와 너희 국민들이 정말 자랑스럽다"라고 내 마음을 전했다. 진심이었다.

• 재스민의 꽃말은 '신의 선물'이다. 재스민 꽃은 튀니지 어디서든 볼 수 있다. 우리 집 대문 앞에도 재스민 나무가 있어서 문을 드나들 때마다 늘어진 나뭇가지가 머리를 스치곤 했다. 튀니지 사람들은 결혼식 같은 행사 때 재스민 꽃으로 화환을 만들어 머리에 쓰는 걸 좋아한다.

아찔했던 **첫 통역**

2006년 3월, 서울에서 보낸 이삿짐이 도착했다. 아이들은 오랜만에 다시 만난 자기 물건이 박스에서 튀어나올 때마다 환호성을 지르며 좋아했다. 여기저기 널린 이삿짐 박스를 한참 풀고 있는데, 외교통상부 본부에서 지급* 연락이 왔다. 아프리카를 순방 중인 노무현 대통령의 알제리 국빈방문**을 수행해서 통역을 하라는 지시였다.

　오랜만에 식구들을 만나 튀니지에서 이제 막 이삿짐을 풀려는 순간, 또다시 혼자서 짐을 꾸려 알제리로 가야 했다. 아직 동서남북도 구분 못 하는 식구들만 남겨둔 채, 알제리의 수도인 알제로 향했다. 그런데 가는 도중 비행기 안이 답답하게 느껴졌다. 큰 덩치에 콧수염이 난 남자 승무원들이 기내식을 서비스한다고 비좁은 통로를 쿵쿵거리며 다니고 있었다. 정말 낯선 광경이었다. 알고 보니 엄격한 이슬람 국가인 알제리에서는 여성이 서비스업에 종사할 수 없기 때문에 승무원도 모

* 외교부에서는 시급한 지시를 내보낼 때 '지급', '긴급' 등으로 급한 정도를 공식 표시한다.
** 국가원수의 외국 방문에는 복잡한 의전 절차가 있다. 국빈방문state visit, 공식방문official visit 등으로 나뉘며 수준은 상대국과의 협의를 거쳐 결정하는데, 국빈방문은 일정도 길고 의전도 까다롭지만 최고의 예우를 받는다.

두 남자뿐이었다.

튀니지에서 알제리까지 비행시간은 1시간 남짓이었다. 비행기 창밖으로 튀니지와 알제리를 가르는 아틀라스 산맥이 계속 이어졌다. 북적대는 공항을 빠져나와 차를 타고 시내로 들어가면서 내가 택한 이 길이 과연 괜찮은 길인가를 자문해 보았다. 끊임없이 왔다 갔다 하고, 보따리를 싸고, 새로운 사람을 만나고, 난생처음 가보는 곳을 돌아다니는 이 삶의 정체가 과연 무엇일까 하는 의문이 들었다.

게다가 이제는 혼자만 길을 가는 것이 아니라는 무거움이 어깨를 짓눌렀다. 나를 따라 어쩔 수 없이 함께 이곳저곳을 오가고, 자신들이 선택하지도 않은 새로운 환경에 무조건 적응해야 하는 가족에 대한 미안함이 밀려왔다. 빨리 일을 마치고 가족이 있는 곳으로 돌아가고 싶었다. 그러려면 긴장되고 힘든 4박 5일의 일정을 마쳐야 했다.

처음 대통령의 통역을 맡았던 것은 1998년 2월 김대중 대통령의 취임식 때였다. 김 대통령은 민주투사로서의 명성이 외국에서 워낙 높았기 때문에 수많은 외빈이 취임식에 참석했다. 외국 언론의 취재 열기도 뜨거웠다. 프랑스에서는 사회당 출신의 명망 있는 정치가인 피에르 모루아*가 참석했다.

취임식 직후 청와대에서 김대중 대통령의 첫 외빈 접견이 있었다. 취임식 참석을 위해 방한한 귀빈들 중 총리급 이상만

---

* 사회당 출신으로 미테랑 대통령 재임 기간 중 초대 총리를 지냈다. 거의 30년 동안 프랑스 북부 지방의 도시인 릴의 시장을 지냈으며 명실공히 사회당의 정신적 지주였다. 2013년 6월 사망했다.

초청된 자리였다. 바이츠제커 전 독일 대통령과 나카소네 전 일본 수상, 아키노 전 필리핀 대통령을 비롯한 여러 명을 함께 접견하는 형식이었다. 각 통역은 담당하는 귀빈의 뒤쪽에 앉아 있었다. 김 대통령은 돌아가며 귀빈들의 축하 인사에 화답하고, 그 나라 정상에 대한 감사를 표하고 안부를 물으며 가벼운 대화를 나눴다.

그러다 모루아 전 총리에게 아직 안부를 묻지 않았다는 게 생각나서 무언가 이야기를 건네야겠다고 마음먹은 것 같았다. 모루아 전 총리를 바라보며 김 대통령이 물었다.

"요즘 러시아의 국내 정세는 어떤가요?"

아뿔싸! 순간 온몸이 얼어붙는 것 같았다. 여러 귀빈들이 한자리에 모여 면담을 하는 자리다 보니, 김대중 대통령이 참석자 모두의 신상을 알 수는 없었던 것이다. 바이츠제커나 아키노 같은 인사들과는 이미 개인적인 친분이 있으니 아무런 문제가 없지만, 모루아 전 총리와는 안면이 전혀 없었다.

문제는 모루아 전 총리의 외모였다. 모루아 전 총리는 키가 180센티미터를 넘는 거구인 데다 은빛 머리카락을 단발 길이로 길러서 뒤로 넘긴 모습이었다. 누가 보아도 프랑스 사람이라고는 도저히 생각할 수 없는 외모였다. 드넓은 청와대 대접견실에서 멀찌감치 앉아 있는 이 거구의 서양 인사를 바라보며 김대중 대통령은 머릿속으로 '아, 저분은 러시아 인사구먼' 하고 판단한 것이다. 김 대통령이 말을 이었다.

"아시아 국가들은 금융 위기로 너무나 힘든 상황을 맞고 있는데, 러시아 경제는 괜찮은가요?"

나는 대통령의 발언을 통역할 수 없었다. 그냥 못 들은 척

가만히 있었다. 달리 어쩔 도리가 없었다. 그 자리에 참석한 귀빈이 여러 명이니 모루아 전 총리가 그냥 '나한테 하는 말이 아닌 모양이군. 통역이 아무 말도 안 하는 걸 보면' 하고 생각해주길 바랄 뿐이었다. 그 상황에서 함부로 통역을 할 수는 없었다. 프랑스의 전 총리를 러시아 사람으로 오해하고 건넨 말을 그대로 통역했다가는 어마어마한 결례를 범하는 것인 데다 자칫 심각한 문제를 야기할 수도 있었다. 그렇다고 모루아 전 총리에게 귓속말로 김대중 대통령이 뭔가 오해를 했다고 이야기해줄 수도 없었다.

그 순간 내가 할 수 있는 유일한 행동은 그냥 가만히 있는 것이었다. 김 대통령이 모루아 전 총리 쪽을 바라보며 뭔가 말을 건넸는데, 통역은 가만히 있고 모루아 전 총리도 어정쩡하게 그대로 있는 불편하면서도 희한한 상황이 몇 초간 계속되었다. 정말이지 정신이 혼미해질 지경이었다. 그때 갑자기 모루아 전 총리가 입을 열었다.

"존경하는 대통령님, 프랑스 자크 시라크 대통령의 축하와 경의를 전해드리게 된 것을 무한한 영광으로 생각합니다. 저는 대통령께서 민주화 운동을 하시던 중 투옥되어 사형선고를 받으셨을 당시 국제사면위원회* 프랑스 지부를 대표해서 사면 운동을 벌인 바 있습니다. 오늘 대통령 취임식은 전 세계 인권 운동가 모두의 승리입니다."

모루아 전 총리가 말을 마치자마자 나는 일사천리로 통역

• 국가권력에 의해 처벌당하고 억압받는 각국 정치범들을 구제하기 위해 설치된 국제기구이다. 1961년 벨기에, 프랑스, 독일, 영국, 아일랜드 등이 모여 창설하였으며, 현재 150개 국가에 지부가 설치되어 있다. 우리나라에는 1972년에 지부가 설립되었다.

을 해나갔다. 진땀 나는 순간을 1초라도 빨리 모면하고 싶었다. 그래야 어색한 분위기가 반전될 수 있을 것 아닌가.

김대중 대통령은 바로 조금 전에 상대를 러시아 사람으로 착각했던 사실은 전혀 내색하지 않고 태연하게 답했다.

"감사합니다, 총리님. 시라크 대통령께도 저의 각별한 사의를 꼭 전해주시기 바랍니다."

뭔가 이상하다는 것을 느낀 모루아 전 총리가 기지를 발휘한 것이 분명했다. 이런 순간의 판단은 오랜 정치 경험으로 축적된 연륜에서 나온다. 자기가 먼저 프랑스 대통령의 축하인사를 전함으로써, 자신이 프랑스 대표라는 암묵적인 메시지를 김 대통령에게 전달한 것이다. 모루아 전 총리가 '프랑스 자크 시라크 대통령'을 말하면서 '프랑스'에 악센트를 두어 강하게 발음한 사실로 미루어 나의 추측은 분명 맞는 것 같았다.

이러지도 저러지도 못하던 내 입장에서는 두 '고수'가 그저 고마울 따름이었다. 뿐만 아니라 자기들끼리 알아서 미묘한 상황을 단박에 풀어버리는 것을 보며 감탄을 금치 못했다. 서로 언어가 전혀 통하지 않는 상태에서도 뭔가 이상하다는 낌새를 알아차리고 먼저 말을 건넨 모루아 전 총리와, 간단한 한마디에 순간적으로 상황을 파악하고 정말 자연스럽게 화답한 김대중 대통령의 주고받기는 '고수'의 순발력 없이는 할 수 없는 것이었다.

만약 모루아 전 총리가 아무 말도 하지 않고 가만히 있었더라면 어찌 되었을까. 어쩌면 김대중 대통령은 통역이 아무 것도 하시 않는 것을 시석했을지노 보른다. 아니면 자기 목소리가 작아 통역이 못 들었나 보다 하고 좀 더 큰 목소리로 같은 말을 되풀이했을지도 모른다. 그랬다면 나는 통역을 할 수밖에 없었을 것이다. 대통령에게 "대통령님, 이분은 러시아 사람이 아니라 프랑스 사람이거든요" 하고 말할 수도 없으니 말이다. 정말이지 생각만 해도 아찔했다. 모루아 전 총리와 김대중 대통령이 상황을 정면으로 돌파해주지 않았더라면 대통령 취임식을 축하하러 전 세계에서 모인 귀빈들 앞에서 망신살이 뻗쳤을 것이다.

    나로서는 대통령 통역 데뷔전을 제대로 치른 셈이었다. 이런 고도로 긴장된 상황을 거듭 겪으면서 '언젠가는 익숙해지겠지', '자꾸 하다 보면 마음이 편해지겠지' 하며 스스로를 위로했다. 그러나 이후 10년 내내 동일한 긴장을 반복해서 경험해야 했다. 하지만 데뷔 무대에서 고수들의 순발력과 기지를 본 덕에, 어떻게 위기에 대응하고 그 위기를 순간적으로 헤쳐나가야 하는지 알 수 있었다. 위기에는 언제나 정면 돌파할 길이 숨어 있다는 사실도 깨달았다.

순발력, **기억력 그리고** 체력

대통령의 통역을 하면서 익숙해진 것이 두 가지 있다. 하나는 대통령 뒤에 가능한 한 눈에 띄지 않게 쭈그리고 앉는 것이고, 다른 하나는 전속력으로 뛰는 일이다.

대통령이 외국을 방문할 때는 특히 '뜀박질'을 잘해야 한다. 보통 대통령 방문 행사 때는 약 20~30대의 차량이 사이드카의 호위를 받으며 일렬로 움직인다. 그런데 통역이 대통령과 같은 차에 탑승하는 경우는 그리 많지 않다. 결국 통역은 대통령보다 한참 뒤에 있는 차에서 냅다 뛰어내려서는, 헉헉거리는 숨을 참으며 대통령 뒤에 재빨리 서야 한다.

2004년 12월 노무현 대통령의 프랑스 방문 때였다. 대통령 내외가 탑승한 차량을 한참 뒤에서 따라갔는데 내가 차에서 내리는 순간, 당시 외교통상부 장관이던 반기문 장관이 "유 서기관, 뛰어!" 하고 외쳤다. 대통령은 이미 행사장으로 들어갔으니 앞뒤 가리지 않고 뛰어서 대통령의 뒤에 따라붙어야 했다. 반기문 장관의 "뛰어!" 소리가 끝나기가 무섭게 전속력으로 달리기 시작했다. 몇 걸음을 뛰었을까. 갑자기 쿵! 하는 소리와 함께 내 몸이 그대로 멈춰 섰다. 아니, 멈춰졌다. 나를 가로막은 프랑스 경호원과 정면으로 부딪힌 것이다. 그 충격으로 머리가 띵 하고 울렸다. 오로지 뛰는 데만 집중한 나머지, 다른 문으로 들어간 것이었다. 삼엄한 경호 속에 목에 건 출입증을 보여주고 정해진 출입문으로 들어가야 하는데, 경호원 입장에선 갑자기 뛰어드는 나를 몸으로 막아선 건 지극히 당연한 일이었다. 경호원에게는 느닷없이 전속력으로 돌진하는 내가 자폭 테러범으로 보였을 수도 있을 터였다.

대통령 통역은 일단 행사에 투입되는 순간부터 대기 상태로 있어야 한다. 대통령을 언제든 어디서든 수행해야 하는 만큼, 행사 일정과 동선을 꼼꼼히 살펴보고 거기에 맞춰 준비를 해야 한다. 대통령의 오찬, 만찬 때도 뒤에 앉아서 통역을 해야 하기 때문에 식사는 알아서 해결해야 한다. 사실 빡빡한 일정 탓에 대체로 식사할 여유도 없게 마련이다. 물도 마음대로 마셔서는 안 된다. 자칫 화장실에 가고 싶어지면 골치 아프기 때문이다. 늦게까지 이어지는 만찬 때 뒤에 앉아서 통역을 하다 보면 배에서 꼬르륵 소리가 크게 울려 퍼질 때도 있다.

정상회담처럼 회의실에 가만히 앉아 회담을 하는 상황이 아니라, 전시회 관람이나 리셉션처럼 여러 사람이 함께 움직이는 경우에는 메모를 할 수 없으니 더욱 긴장해야 한다. 대통령 뒤를 따라 걸어가며 통역을 하다 대통령의 구두 뒤축을 차는 일이 생기기도 한다. 대통령을 그림자처럼 따라가야 하기 때문에 몇 발자국 뒤에서 걸어야 하는데, 간혹 앞선 대통령의 말소리가 잘 들리지 않는 경우도 종종 있다. 그때마다 염치 불구하고 고개를 앞으로 내밀어야 한다. 몸통은 뒤쪽에 두고 머리만 앞으로 삐쭉 내미는 이상한 자세를 취하게 되지만, 통역은 그런 겉모습에 신경 쓸 겨를이 없다. 밀착 경호하는 경호원들에게 밀려서 대통령을 바짝 뒤쫓지 못하는 일도 생기기 때문에 한순간도 긴장을 놓아서는 안 된다.

하지만 이런 신체적인 고통은 통역이라는 일 자체의 어려움에 비하면 사실 아무것도 아니다. 통역은 단순히 외국어만 잘한다고 할 수 있는 일이 결코 아니다. 말을 통역하는 것과 글을 번역하는 것, 둘 중에 어떤 것이 더 힘들까? 이 둘을 모두 해보았지만 각각의 특성이 있기에 어느 것이 더 힘들다고 이야기할 자신은 없다. 번역은 어떤 언어로 사고를 해서 쓴 글을 다른 언어로 옮기는 것이니 단순히 언어를 바꾸는 작업이 아니다. 각각의 언어가 지닌 고유한 감성을 어떻게 전달해야 하는지를 놓고 매번 고민에 빠지게 된다. 누군가의 입이 되어 통역을 하는 것에도 비슷한 어려움이 따른다. 다만 통역은 순간적으로 모든 것을 판단하고 결정해야 한다는 점이 다르다.

대통령의 통역은 순차통역* 형식이 보통이다. 동시통역**은 대통령이 헤드폰을 쓰고 진행해야 하므로 양자회담이나 면담에서는 거의 하지 않는다. 순차통역을 할 때는 대통령의 말을 모두 기억하고 의중을 생생하게 살려 외국어로 옮겨야 한다. 대통령의 발언을 모두 적을 시간이 없으니 아주 중요한 키워드나 나열된 사항을 재빨리 적는 정도가 고작이다. 그렇기 때문에 고도의 집중력이 필요하다. 극도로 긴장하고 집중하는 탓에 통역을 끝내고 나면 그때마다 뇌세포가 모두 파괴되는 것만 같다. 정말이지 몇 년은 한꺼번에 늙어버리는 기분이다.

* 통역할 인물의 말이 끝난 뒤에 통역하는 방식.
** 통역할 인물의 말이 시작되면 조금 들은 뒤 거의 동시에 통역을 수행하는 방식.

통역은 평소에 자기가 통역을 맡을 인사의 출신국에 대한 전반적인 상식도 충분히 익혀야 한다. 특히 고유명사를 통역할 때면 영어식 발음과 프랑스어식 발음이 완전히 달라서 단어를 못 알아듣는 일이 종종 발생한다. 예를 들면, 리차드 기어의 프랑스어 발음은 '히샤흐 지-흐'이다. 미켈란젤로는 '미쉘앙쥐'라고 한다. 아예 표기까지 다른 경우도 있다. 런던London은 '롱드르Londres'고, 뮌헨München은 '무니크Munich', 미얀마는 '비르마니Birmanie'다. 한번은 프랑스 인사가 독일 철학자 하버마스Jurgen Habermas를 지칭하면서 프랑스식으로 '아베르마'라고 발음했는데, 통역이 그 단어가 하버마스를 가리킨다는 사실을 몰라 그대로 '아베르마'라고 전달해서 결국 우리 측 인사가 말을 알아듣지 못한 일도 있었다. 이런 불상사를 막기 위해서는 평소 공부를 많이 해둬야 한다.

간혹 정상회담 의제와는 상관없는 이야기가 나와 난감해지는 경우도 종종 생기는데, 그때는 순발력만이 답이다. 김대중 대통령은 워낙 박식해서 그런지 외국 인사를 만나면 서양 학문에 관해 이야기하는 걸 좋아했다. 하루는 존 로크의 《인간지성론》이야기를 꺼냈다. 그런데 로크가 Locke인지 Rocke인지 순간 확신이 서지 않았다. 우리말로는 둘 다 '로크'로 발음하면 되지만, 프랑스말로는 전연 다르다. Locke면 '로크', Rocke면 '호-크'로 발음해야 한다. 만약 '호-크'로 해야 하는 것을 '로크'라고 하면 상대방이 알아듣지 못한다. 순간 모험을 각오하고 영국인 학자 '로크'라고 발음했다. 통역의 고민을 알 턱이 없는 대통령은 그런 와중에도 대화를 계속했고, 1초 사이에도 몇 마디가 지나가버렸다. 주저할 틈이 없었다. 나중에

확인해보니 다행히 Locke가 맞았다. 위기는 모면했지만 그 순간의 괴로움은 이루 말할 수가 없었다.

노무현 대통령이 프랑스를 방문해 오찬을 하는 자리에서 옆에 앉은 시라크 대통령 부인과 전통 도자기에 대해 이야기를 나눈 일도 있다. 서로 자국의 도자기 제작 기술을 설명하느라 예기치 못하게 수많은 도자기 관련 용어가 등장했고, 나는 생소한 단어들을 통역하느라 진땀을 흘려야 했다.

2004년 12월 한국-프랑스 정상회담 중(가운데 저자).
대통령의 통역은 언제나 긴장되고 힘든 일이다.

어느 나라 말이든 그 말을 그대로 다른 언어로 대체할 수 없는 경우가 너무나 많다. 언어마다 고유한 문화와 정서가 그 배경에 깔려 있기 때문이다. 격언이나 속담을 예로 들어보면, "아니 땐 굴뚝에 연기 나랴" 정도는 그런대로 괜찮다. 프랑스어에도 "불이 안 났는데 연기가 생길 리 없다"라는 비슷한 속담이 있기 때문이다. 하지만 프랑스 대통령이 "그건 벨기에 농담이에요!"라고 말했다면, 이 말을 그대로 통역해서는 안 된다. 이 말은 '썰렁하다'는 뜻이다. 프랑스 사람이 "케이크 위 체리"라는 표현을 썼다고 하자. 이걸 말 그대로 우리말로 옮겨서는 말이 통하지 않는다. 이 말은 화룡점정畵龍點睛과 같은 의미인 관용구이기 때문이다.

농담도 마찬가지로 무척 어렵다. 하지만 대충 넘길 수는 없다. 우리 대통령이 정말 웃기는 농담을 건넸는데 통역이 제대로 전달하지 못해 상대방이 무덤덤하게 있다고 가정해보자. 대통령 입장에서 그보다 더 머쓱한 일이 어디 있겠는가. 상대방이 박장대소를 하며 웃어주는 순간, 우리 대통령 스스로도 뿌듯해지고 회담 분위기도 화기애애해진다.

나는 이 일이 힘들 때마다 조지훈의 시 〈승무〉를 떠올린다. "얇은 사 하이얀 고깔은 고이 접어서 나빌레라." 이건 도대체 프랑스말로 어떻게 옮겨야 할지 엄두도 나지 않는다. 실제로 통역 현장에서 이런 고도의 시적 묘사가 나오지 말라는 법이 없다. 김대중 대통령만 하더라도 정상회담 때 외국 시구나 명언들을 인용하는 경우가 종종 있었던 데다, 프랑스의 시라크 대통령과 만찬을 하면서는 두 정상이 하이쿠*에 대해 대화를 나눈 적도 있었다.

결국 사전 준비를 철저히 할 뿐만 아니라 평소에 다양한 분야의 어휘를 익히고 현장 경험을 쌓아 대응력을 키워나가는 수밖에는 달리 방법이 없다. 정상회담에서 논의될 의제의 배경까지도 낱낱이 익혀두는 것은 물론이고, 이전에 대통령이 사용한 어휘나 주요 행사 때 한 연설을 눈여겨보아야 한다. 그리고 상대국 정상의 관심 분야나 취미, 좋아하는 작가 같은 부차적인 부분에 대해서도 최대한 정보를 모아야 한다.

• 일본의 전통 단행 정형시의 일종.

한 번도 통역을 해보거나 배운 적이 없는 나는 곧바로 현장에 투입되어 대통령의 통역을 맡으면서 나만의 노하우를 터득해갔다. 내가 겪은 진땀 나는 순간들은 노하우를 빨리 습득하는 데 도움을 주었지만, 정말이지 그런 아찔함은 두 번 다시 겪고 싶지 않다.

대통령의 통역은 많은 준비와 긴장 그리고 고도의 집중을 요하는 고된 업무였다. 그리고 그 모든 것은 자신과의 싸움이었다. 대통령의 통역은 통역 그 자체만이 아니라, 사전 정보 습득, 자세, 태도, 돌발 상황 대처, 순발력, 기억력 그리고 체력에 이르기까지 모든 면에서 완벽한 프로여야만 한다. 프로 정신이 없이는 내게 쏠리는 시선, 심적인 부담, 온몸을 짓누르는 긴장감을 견뎌내기 어렵다. 프로라는 자부심이 없이는 예측 불허의 사태가 닥쳤을 때 혼자서 모든 것을 해결해야 하는 외로운 순간을 결코 이겨낼 수가 없다. 스스로를 추스르고 준비하고 이겨내도록 만드는 것은 자신의 마음가짐뿐이다. 이것이야말로 자기와의 싸움에서 살아남는 자만이 터득할 수 있는 냉혹한 진실이다. 나는 냉엄한 프로들의 무대에서 이리저리 뛰어다니며 머리가 쭈뼛 서고 숨이 멈출 것 같은 힘든 순간이 찾아올 때마다 매번 이렇게 되뇌곤 했다.

"이왕 할 거면 프로가 되자."

정공법으로 **돌파한** 위기

알제 시내에는 온통 태극기가 펄럭이고 있었다. 노무현 대통령 국빈방문에 맞춰 시내 전역에 태극기를 게양해놓은 것이다. 나는 공항에서 열릴 공식 환영식을 위해 압델라지즈 부테플리카 알제리 대통령의 뒤에 서서 우리 대통령 특별기가 도착하기를 기다렸다. 방문국의 대통령이 직접 공항에 나와 비행기 트랩 밑에서 우리 대통령을 영접한다는 것은 최고의 환대를 의미한다. 알제리 독립전쟁 당시 현역 장교로 공을 세운 부테플리카 대통령은 막 70세가 된 자그마한 체구의 백전노장이었다. 우리 대통령 특별기가 착륙해 활주로를 지나 알제리 의장대가 양쪽으로 도열해 있는 환영식장 앞으로 서서히 다가왔다. 군악대의 연주가 울려 퍼졌다.

 매번 그렇지만, 외국 땅에서 우리 대통령 특별기가 도착하거나 떠나는 순간에는 가슴 벅찬 감동이 밀려온다. 아마도 이역만리에서 태극 마크가 선명하게 그려진 비행기를 바로 눈앞에서 보는 것이 애틋하기 때문인 듯하다.

 공항에서의 성대한 환영식이 끝나고, 양국 대통령은 공항 안에 있는 귀빈실에서 잠시 환담을 나눴다. 서로 간단한 인사말을 나누고 나서 부테플리카 대통령이 알제리의 건설 사업 이야기를 꺼냈다.

"알제리는 정부 주도로 다양한 인프라 건설 사업을 추진하고 있습니다. 특히 주택 건설이 활발하지요."

부테플리카 대통령의 말에 화답하면서, 노무현 대통령이 우리나라 부동산 투기에 대한 이야기를 꺼냈다.

"경제가 발전하면 주택 수요가 늘게 됩니다. 한국도 그 단계를 거쳤지요. 그런데 한국에서는 '복부인'들이 설쳐서 투기 열풍이 일어났지요. 주택 건설 붐을 틈탄 사회적 폐단이었습니다."

평범하고 일상적인 대화가 오가고 있어 통역도 수월하게 진행되고 있는데, 갑자기 복부인이라는 단어에서 막혀버렸다. 복부인을 뭐라고 통역해야 할지 도무지 생각이 나지 않았다. 복부인이라는 단어가 프랑스어에 있을 리도 없지만, 부동산 투기 문화가 낯선 사회이다 보니 적절한 비유도 떠오르질 않았다. 머릿속이 하얗게 되어버리는 것 같았다. 그 순간에도 노 대통령의 이야기는 계속 이어지고 있었다.

"한국에서는 복부인들을 소위 '큰손'이라고 불러요. 한국의 현금 흐름을 장악할 정도로 현금 동원력이 뛰어나거든요."

"한국에서는 여성들의 씀씀이가 큰 모양입니다."

"어휴, 크다마다요. 한국 여성들의 권력은 최고예요. 한국 남편들은 집에서 재산이든 아이들 교육이든 모든 것을 부인들한테 맡기지요."

"히히, 그렇군요."

어느새 양국 대통령의 대화는 복부인에서 '한국 여성의

역할론'으로 옮겨가고 있었다.

'침착하자, 단어 하나에 얽매이지 말자.' 나는 심호흡을 하며 스스로를 안심시켰다. 그동안의 대통령 통역에서 체득한 나만의 노하우인 정공법을 쓰기로 했다. "한국에서는 소위 '큰손'이라고 불리는 여성들이 부동산 투기를 선도했는데, 이 여성들을 지칭하는 일종의 속어를 프랑스어로 번역하기에는 적당한 단어가 존재하지 않는다. 이 마담*들은 한국의 부동산 경기 호황을 틈타 독특한 문화를 형성했다"라고 통역한 것이다. 결국 복부인이라는 단어의 개념을 설명했다.

부테플리카 대통령은 설명해준 마담 이야기를 재미있어 했다.

"그럼, 그 마담들은 회사에 채용된 사람입니까? 아니면 자영업자입니까?"

"그냥 평범한 주부들이었습니다."

"아니, 집에 있는 주부들이 어떻게 그런 많은 돈을 주무를 수 있지요?"

"그것이 바로 한국 여성들의 힘입니다."

양국 대통령은 복부인 이야기에 열중하고 있었다. 나는 언제 아찔했던 순간이 있었던가 싶게 양국 대통령이 흥미롭게 주고받는 대화를 계속 통역해나갔다. 두 대통령이 즐거워하는 분위기가 서로에게 생생하게 전달되고 있었다.

하지만 한순간 등골을 서늘하게 했던 복부인이라는 단어에 계속 미련이 남았다. 환담이 끝나고 승용차를 타기 위해 이

• 마담madame이라는 단어는 우리나라에 들어와 술집 여주인을 가리키는 여성 비하적인 어휘로 변질되었지만, 본래 프랑스어에서는 영어의 레이디lady에 해당하는 존칭어다.

동하는 동안에도 자꾸만 복부인이 떠올랐다. '복부인, 복부인, 그놈의 단어가 참 못살게 구네.' 프랑스말로 딱 떨어지는 게 없나 하고 자꾸만 곱씹었다. 여전히 생각나는 단어가 없었다. 자칫 단어 하나에 걸려서 넘어질 뻔했으니 쉽사리 사라지지 않고 머릿속을 맴돌았다.

    노무현 대통령과 부테플리카 대통령은 함께 리무진 승용차에 올랐다. 나도 통역을 위해 동승해야 했기 때문에 더 이상 복부인에만 매달릴 겨를이 없었다. 사전에 우리 측 의전 요원으로부터 점프시트*에 앉아야 하니 절대 스커트를 입지 말라는 당부를 들었던 터였다. 양국 대통령은 마주 보고 앉고, 나는 부테플리카 대통령 옆 점프시트에 엉거주춤 앉았다. 혹시라도 대통령에게 방해가 될까봐 다리를 바짝 오므린 자세였다. 노 대통령이 안쓰러운 눈으로 보더니 말을 건넸다.

    "불편할 텐데 다리 펴고 앉으세요. 차가 넓네."

---

* 리무진 뒷좌석의 가장자리에 붙어 있는 보조 좌석.

알제리 **대통령의** 선물

대통령 내외가 영빈관에 여장을 풀고 뒤이어 양국 정상회담이 열렸다. 한국-알제리 정상회담은 당초 대통령끼리 15분 정도 단독회담을 가진 뒤 양국 각료들이 참석하는 확대회담으로 이어질 계획이었다. 양국의 주요 부처 장관들이 회담장에 늘어앉아 정상들이 나오기만을 기다리고 있었다.

그런데 부테플리카 대통령은 노무현 대통령을 놓아주지 않았다. 한국의 경제 발전과 성공적인 개발 경험을 롤모델로 삼아 알제리가 할 수 있는 것이 무엇인지 끊임없이 조언을 구했다. 최고의 투자 환경을 만들어줄 테니 한국 기업들이 알제리에 들어와 활동해달라고 하는가 하면, 알제리를 이끌 지도층에게 제대로 된 교육을 시켜달라고도 했다. 정말 절실한 의지가 느껴졌다.

단독회담은 한 시간이 넘도록 끝날 줄을 몰랐다. 그런데도 부테플리카 대통령은 단독회담을 끝낼 마음이 없어 보였다. 보통 정상회담 통역 때는 양측 통역이 따로따로 들어가서 각자 자국 대통령의 발언을 통역하는 것이 보통인데, 알제리에서는 혼자 해야 했다. 혼자서 두 대통령의 발언을 모두 통역하다 보니 그렇지 않아도 튀니지에 있을 때부터 좋지 않았던 편도선이 부어올랐다.

정상회담장 밖에서는 양국 의전장이 도무지 나오지 않는 대통령들을 기다리며 발을 동동 구르고 있었다. 나중에 전해 듣기로는 우리 의전장은 늦어지는 일정이 너무 걱정되어 회담장 문을 열어보려 했다고 한다. 하지만 알제리 측 의전장이 '부테플리카 대통령이 자기가 밖으로 나오기 전에 회담장 문을 열면 가만두지 않겠다고 엄포를 놓았다'라고 말하며 문을 가로막고 끝까지 열지 않았다고 한다.

이런 바깥 상황을 아는지 모르는지 양국 대통령은 한 시간 반 동안 그야말로 다방면에 걸친 심도 있는 단독회담을 가진 뒤에야 양국 각료들이 도열해서 기다리고 있는 확대회담장으로 나왔다. 기다림에 지친 각료들의 모습에 미안한 생각이 들었던지, 부테플리카 대통령은 늦은 이유에 대한 해명을 농담으로 대신했다.

"시간을 칼같이 지키는 건 시계 잘 만드는 스위스 사람들이나 하는 거고, 우린 협의할 일들이 좀 많아서요."

확대회담까지 모두 끝나고 양국 간 협력협정 서명식이 있었다. 양측의 서명이 끝나고 기념 촬영을 하려는데, 갑자기 부테플리카 대통령이 서명에 사용된 펜을 집어 들더니 노무현 대통령에게 "이거 대통령님 겁니까?" 하고 물었다. 노무현 대통령이 고개를 저었다. 부테플리카 대통령은 "그럼 이 펜을 오늘 성날 수고한 사람에게 선물해도 되겠습니까?"라고 물었다. 노 대통령은 고개를 끄덕였다.

부테플리카 대통령이 다가오더니 내게 그 펜을 내밀었다. 노 대통령은 그 모습을 보며 박수를 보내주었다. 어리둥절한 상태에서 펜을 받아들며 감사하다고 말했다. 감격스러웠지만, 두 나라의 대통령을 포함한 모든 사람이 나를 바라보고 있는 상황에서 크게 내색할 수도 없었다.

대통령 공식방문에는 수많은 경호원과 의전 요원이 투입되고, 회담 의제에 따라 담당 부처 장관들이 수행하는 데다, 기업 CEO들까지 동행하기 때문에 대통령 뒤를 따르는 통역을 배려해주지 않는다. 그저 외교통상부 직원에 불과할 뿐이다. 통역 없이는 아무것도 진행될 수 없지만, 그것과 배려는 전혀 별개다.

대통령 통역의 역할이 중요한 것은 상대국 정상이 우리 대통령의 말이 아니라 통역의 말을 듣고 대통령의 의중을 이해하고 공감하기 때문이다. 통역을 잘하면 양국 정상 간 교감이 빨라지고 대화도 깊어지며 결과적으로 회담이 잘 풀리고 두 정상도 서로 친해진다. 그러나 정상회담 결과가 좋았다고 해도 통역이 훌륭해서 정상회담이 잘 치러졌다고 생각하는 사람은 아무도 없다. 대통령의 통역이 막중한 임무라는 사실에는 누구도 이의를 제기하지 않지만 다들 대통령을 보좌하느라 그의 입인 통역에게까지 신경을 쓸 생각도 겨를도 없는 것이다. 그저 있는 것이 당연하게 여겨지는 대통령 통역을 수년 동안 계속하면서, 보이지 않는 곳에서 일한다는 것이 바로 이런 것이구나 하는 생각을 하곤 했다.

그렇기 때문에 상대국 대통령이 공개적으로 준 선물은 그 무엇보다도 값질 수밖에 없었다. 부테플리카 대통령의 생각지

도 못했던 선물은 누군가는 내가 하는 일, 나의 존재를 지켜
봐주고 있다는 사실을 일깨워주었다. 그리고 '사람들이 너를
일일이 배려하거나 특별히 생각해주지 않아도 그저 묵묵히
주어진 일에 최선을 다하라'는 무언의 격려가 되었다.

비르사 **언덕을** 떠나다

튀니지의 수도 튀니스에서 지중해 쪽으로 15킬로미터 정도를 가면 지형이 높아지면서 야트막한 구릉이 나온다. 구릉을 따라 올라가면 파란 물감을 풀어놓은 것 같은 지중해가 한눈에 내려다보이는 비르사 언덕˚ 위에서 카르타고˚˚ 유적을 만날 수 있다. 고대 로마인들은 이곳에서 수확된 탐스러운 무화과의 싱싱함을 보고 카르타고가 불과 사흘 거리에 있다는 점을 상기하여 정복을 결심했다고 한다. 비르사 언덕은 주변보다 높고 앞이 탁 트인 데다 유칼립투스 숲이 울창하게 우거져서, 태양이 이글거리는 한여름에도 그늘로 들어서면 살랑살랑 부는 바람에 더위를 식힐 수 있는 곳이다. 언덕 아래 지중해는 부서지는 햇살을 받아 다이아몬드를 흩뿌려놓은 것처럼 화려하게 반짝였다.

˚ '비르사'는 그리스어로 '가죽'이라는 뜻이다. 원주민들이 디도 여왕에게 소가죽 하나를 던져주면서 이 가죽 크기만큼만 땅을 주겠다고 하자, 디도 여왕은 기지를 발휘하여 소가죽을 가늘게 잘라 실처럼 만들어 땅을 둘렀고, 그렇게 획득한 땅에 카르타고를 세웠다고 전한다.
˚˚ 기원전 814년 페니키아인에 의해 세워져 당시 그 지역 패권을 완전히 장악해 영화를 누렸지만, 기원전 146년 로마군에게 정복당해 멸망했다. 카르타고란 페니키아어로 '새로운 도시'라는 의미다.

튀니지의 화려했던 역사를 간직하고 있는 비르사 언덕은 나름 장엄한 분위기가 풍기는 곳이다. 주튀니지 한국대사관에서 자동차로 불과 20여 분 거리에 있는 데다 워낙 아름다운 명소다 보니, 한국에서 출장 온 손님을 모시고 방문하는 필수 코스가 되었다. 덕분에 나는 2년 동안 거의 한 달에 한두 번 정도는 비르사 언덕을 찾았다. 얼마나 자주 갔는지 그곳에 있는 카페 주인은 내가 손님과 함께 나타날 때마다 친구 대하듯 맞아주곤 했다. 분명 나를 영업 실적이 제법 좋은 여행사 직원이라 짐작하는 것 같았다.

튀니지에 근무하는 동안 몇 번이고 찾았던 비르사 언덕.
카르타고 유적과 지중해가 한눈에 들어오는 명소다.

주튀니지 한국대사관 직원은 대사를 포함해서 외교관 세 명과 총무 보조 한국인 한 명이 전부였다. 우리 대사관은 세계 전역에 있는 150여 개의 우리나라 재외공관 중 가장 직원이 적은 공관에 속했다. 총무와 영사 업무를 뺀 정무, 경제, 문화 그리고 홍보까지, 그야말로 '다양한' 업무가 내 몫이었다.

다양한 업무는 다양한 만남을 낳는다. 이곳에서 나는 그저 묵묵히 자기만의 사명감으로, 가치 있는 삶이란 무엇인가를 몸소 보여주는 보석 같은 사람들을 만났다. 특히 튀니지에 대한 무상 원조 사업을 추진하면서 만난 국제협력봉사요원*들은 척박한 환경에서도 젊은 패기 하나로 꿋꿋하게 활약하여 나를 감동시켰다. 맨 처음 튀니지에 파견된 봉사요원은 태권도 사범이었다. 그러다가 점차 컴퓨터, 조화 제작, 양잠업, 한국어 등으로 분야가 다양해지면서 네 명으로 시작된 요원도 서른 명으로 늘어났다. 봉사요원들은 대부분 지방 도시에 파견되어 활동했는데, 그중에는 2010년에 혁명의 진원지가 된 시디 부 지드에 파견된 요원도 있었다. 그들과의 만남 자체가 내게는 이곳에 온 보람이었다.

튀니지에 부임한 지도 2년이 지난 2008년 3월, 프랑스로 발령을 받았다. 다시 프랑스로 돌아가는구나 하는 설렘으로 내심 기뻤지만, 이곳에서 만난 사람들과 헤어지는 게 쉽지 않았다. 2년 동안 동고동락한 봉사요원들은 어디서 구했는지 드럼과 일렉트릭 기타를 빌려다가 합숙소 마당에 차려놓고 우리 가족만을 위한 음악회를 열어주었다. 어느새 다섯 살이 된 둘째 딸은 오빠들이 연주하는 음악에 신이 나서 마당을 뛰어다니며 막춤을 선보였다. 우리들의 만남은 이렇게 서서히 막을 내리고 있었다.

튀니지의 한국 교민은 아이들까지 모두 합해 100명 남짓했는데, 튀니지의 한인회장 내외분이 댁에서 손수 우리 가족들을 위한 환송 만찬을 열어주었다. "여러분, 부족한 저를 늘

• 외교부 산하에서 국제 무상 원조 사업을 담당하는 한국국제협력단KOICA에 소속된 국제 공익근무 요원으로. 군 복무를 대신해 개발도상국에 파견되어 봉사활동을 한다.

격려하고 아껴주셔서 정말 감사했습니다. 이 소중한 인연 계속 지켜가기를 고대합니다." 나의 마지막 인사말을 끝으로 우리는 누가 먼저 시작했는지도 모르게 모두 어깨동무를 하고 포크 그룹 해바라기의 〈사랑으로〉를 불렀다. 모두의 눈에 눈물이 고였다.

정든 튀니지를 떠나 이임길에 오르기 하루 전에는 한전 KDN의 직원 한 분이 서울에서 튀니지로 출장을 왔다. 그동안 튀니지 전기배선사업 지원 관련 업무 때문에 친해진 분인데, 여수에 계신 어머니가 손수 담그셨다며 갓김치가 가득 담긴 김치 통을 선물로 주셨다. 나는 튀니지에 남아 있는 대사관 직원들에게 양보하려고 했지만, 그분은 파리에도 갓김치는 없을 거라면서 그동안 진 신세에 보답하는 작은 정성이니 극구 가지고 가달라고 했다. 튀니지로 부임할 때 서울에서 실어온 소나타 자동차는 꾸역꾸역 밀어넣은 이삿짐으로 이미 터질 것 같았지만, 정성이 깃든 갓김치 통을 뒷자리 위쪽에 간신히 얹어놓았다.

새벽 일찍 출발했다. 아침 8시에 튀니지를 떠나는 배를 타려는데, 대사관 직원들과 봉사요원들이 도시락을 싸들고 기다리고 있었다. 약밥, 김밥, 만두……. 튀니지에서는 구경도 하기 힘든 귀한 음식들이었다.

"이걸 어떻게 먹어, 미안해서……."

목이 메었다. 이게 바로 인지상정인가 보다. 우리는 정성 가득한 도시락 앞에서 울먹일 수밖에 없었다. 우리식 쌀을 구하기가 어려워, 저 남쪽 리비아 국경 인근의 사베스라는 도시에서 모래 섞인 쌀을 구해 조리로 일고 체에 쳐서 밥을 지어

먹으며 어려움을 함께 나눈 우리들이었기에 그 소중함을 알 수 있었으리라.

여객선에 차를 실은 뒤 우리 네 식구는 소중한 도시락을 바리바리 들고 선실로 들어갔다. 뱃머리 쪽에 위치한 선실에 짐을 풀고 다 같이 갑판으로 올라갔다. 거대한 배가 서서히 튀니스 항구를 떠나고 있었다. 멀리 파란 창문을 단 하얀 집들이 언덕 위에 그림같이 서 있는 시디 부 사이드˙가 보였다. 앙드레 지드가 '지중해의 카페'라고 불렀던 시디 부 사이드 너머로 비르사 언덕이 눈에 들어왔다. 카르타고여 안녕, 튀니지여 안녕. 2년 1개월의 튀니지 근무는 그렇게 끝나가고 있었다.

배가 무섭게 흔들렸다. 해수면 위로 7층, 아래로 4층. 그 어마어마한 덩치의 여객선도 몰아치는 폭풍우에 속수무책이었다. 튀니스에서 마르세유까지 지중해를 남에서 북으로 종단하는 뱃길은 24시간으로 예정되어 있었다. 요란한 폭음에 소스라쳐 깨어보니 뱃머리에 있는 우리 선실 위로 집채만 한 파도가 몰아쳐 부서지고 있었다. 약밥에 김밥에, 친구들이 싸준 도시락을 잘 소화시키고 잠든 터라 속은 괜찮았다. 풍랑이 걱정되었지만 피곤했기에 파도 소리를 들으면서 깊은 잠에 빠져들었다.

아침 7시. 배는 계속 움직이고 있었다. 8시에 마르세유 항구에 도착할 예정이었으니 곧 도착할 거라 생각하고 주섬주섬

• 시디 부 사이드는 특히 프랑스 예술가들에게 예찬의 대상이 되었다. 마을 꼭대기 입구에 있는 카페 드 나트는 프랑스 문인들이 많이 찾았던 곳으로 유명하다. 노벨 문학상 수상자 앙드레 지드는 바닷가 깎아지른 절벽 끝에 위치한 카페 샤반에서 집필을 했다고 한다.

짐을 챙겨 배에서 내릴 준비를 하고 있는데 선내 방송이 나왔다. 밤새 폭풍우가 너무 심해서 본래의 항로를 벗어나 이탈리아 반도 해안을 따라 천천히 움직이고 있는 중이기 때문에 마르세유에는 오후에나 도착할 예정이라는 내용이었다. 도시락도 이미 다 먹었기 때문에 선내 식당에서 식사를 할 수밖에 없었다. 우리를 힐끗힐끗 쳐다보는 튀니지 사람들 틈에서 튀니지에서 물리도록 먹은 쿠스쿠스*를 또 먹었다.

 오후 3시경에 마르세유에 도착한 우리는 30시간 넘게 갇혔던 배에서 내려 알프스 방향으로 차를 몰았다. 3월이지만 아직 한겨울인 알프스에 들러서 아이들에게 눈을 만져보게 하고 싶었다. 어차피 파리까지 800킬로미터 넘게 가려면 어디선가 1박을 해야 하니 이왕이면 눈 쌓인 곳이 괜찮겠다고 생각했다. 2년 넘게 태양과 바다, 올리브나무, '큰 파인애플'만 보고 지낸 아이들은 우람한 알프스 산맥에 둘러싸인 그르노블**에서 눈이라는 걸 만져보고, 매서운 겨울바람도 맞아보았다. 그르노블에서 하룻밤을 보내고 우리는 파리를 향해 차를 몰았다.

• 북아프리카 국가들의 공통된 전통 주식으로 약간 굵은 좁쌀처럼 생긴 밀가루 덩어리다. 주로 채소를 삶아 그 위에 끼얹어 같이 먹고 형편이 되면 고기도 넣는다. 튀니지에서 들은 설명에 따르면 조그맣게 떼어놓은 밀반죽을 밀러시 모아놓고 은들면 '쿠스쿠스' 하고 소리가 나서 그런 이름이 붙었다고 한다.
•• 프랑스 서부 알프스 지역의 산악도시.

3.

우리는 내줄 것이 없다 내줄 수도 없다

다시 돌아온 **파리**

파리에 도착한 첫날, 조용한 주변이 새삼 낯설게 느껴졌다. 튀니지에 사는 동안 정해진 시간마다 어김없이 들리던 기도 소리에 내 귀가 길들여졌던 모양이다.

　2년 남짓한 튀니지 생활에서 무척 견디기 힘들었던 것 중 하나가 하루에도 몇 번씩 울려 퍼지는 기도 소리였다. 무슬림은 하루에 다섯 차례 메카를 향해 기도를 올린다. 기도 시간이 되면 모든 사람이 들을 수 있도록 동네 곳곳에 설치된 확성기를 통해 기도 소리가 흘러나온다. 그 나라 안에 있는 한 누구도 이 기도 소리를 피할 수 없다. 기도 구절의 의미나 내용을 모르고 그저 수동적으로 듣는 내 귀에는 기도가 아주 구성지고 느린 노래처럼 들렸다. 은은하고 잔잔하게 그리고 기품 있게 퍼지지만, 차분하게 가라앉은 그 소리가 왠지 모르게 우울하기도 했다.

　외교관은 근무지를 옮기면 곧바로 생활 리듬과 습관을 그 나라와 사회에 맞춰야 한다. 준비나 적응 기간 없이 당장 업무를 시작해야 하기 때문이다. 튀니지 같은 더운 나라에서는 대부분 아침 일찍 업무를 시작한다. 대사관도 근무시간이 아침

8시부터 오후 5시까지였다. 학교도 8시에 수업을 시작했다.

반대로 프랑스는 모든 게 늦게 시작되는 나라다. 밤늦게까지 식당이나 카페에 앉아 끼리끼리 한잔하면서 끝없이 대화를 나누는 모습이 파리의 일상적인 풍경이다. 그러다 보니 출근 시간도 9시 반이 보통이다.

나는 점심시간에 바게트 샌드위치를 든 채 혼자 시내버스를 타고 유람에 나섰다. 도심 한복판 앵발리드* 광장 바로 옆에 위치한 주프랑스 한국대사관은 센 강과 인접해 있다. 프랑스 외무부를 비롯한 관공서가 인근에 많은 곳이라, 자연스럽게 외국 대사관들도 주변에 모여 있다. 센 강변을 조용히 달리는 버스 차창 밖으로 루브르박물관, 오르세미술관, 노트르담성당이 차례로 보였다. 모든 것이 잘 정돈되어 있었다.

버스에 탄 승객 중 그 누구도 내게 시선을 주거나 나의 존재를 의식하지 않았다. 튀니지에서는 잠시라도 밖에 나가 있으면 사람들이 대놓고 얼굴을 뚫어져라 쳐다보거나 아이들이 졸졸 쫓아오면서 놀려대는 통에 마음대로 나다니기도 어려웠기 때문에, 파리지앵의 이런 무관심이 더없이 행복했다. 모두들 자유롭게 자기만의 삶을 살고 있었다. 드디어 파리에 온 것을 실감했다.

파리는 세월이 지나도 늘 같은 모습이다. 자고 나면 새 건물이 들어서고 수시로 스카이라인이 바뀌는 서울과는 정반대다. 몇 년 만에 다시 가도 같은 자리에 같은 상점과 같은 카페가 그대로 있고, 새 건물이 들어서는 일은 극히 드물다. 파리

---

* 1670년 루이 14세 때 건립된 건물로, 중앙에 있는 황금색 돔이 인상적이다. 1840년에 나폴레옹의 유해가 이곳에 안장되었다. 지금은 군사박물관과 참전용사 요양병원이 있다.

사람들은 이따금 그런 모습에 싫증을 느끼는 것 같기도 하다. 실제로 서울에 다녀온 프랑스 사람들은 파리에서는 좀처럼 보기 힘든 생기가 느껴졌다는 말을 종종 한다.

그런 파리로 돌아온 내 마음은 한구석에 응어리가 맺힌 것처럼 답답했다. 마치 변하지 않는 파리의 모습처럼 한 치의 진전도 없이 그대로인 현안 때문이었다. 바로 20년이 다 되어 가도록 해결의 조짐이 없는 외규장각 의궤 문제였다. 튀니지 근무를 마치고 다시 프랑스로 부임했을 때, 이 문제는 끝이 보이지 않는 길고 어두운 터널 속에 아예 갇혀버린 상태였다. 일절 변화가 없었다.

새로 **부임한** 대사

오랜 침묵은 2009년 12월 주프랑스 대사가 새로 부임하면서 깨졌다. 박흥신 대사는 부임하자마자 외규장각 의궤 문제에 각별한 관심을 보였다. 박 대사는 서울에서 부임 준비를 하는 동안 그간의 교섭 내용이나 배경 등에 대해서도 공부를 많이 한 듯했다. 박 대사는 뭔가 일일이 따져 묻거나 간섭하지도 않고, 또 자신이 구상하고 있는 계획이나 예정 사항에 대해서도 별다른 예고를 하지 않는 성격이었는데 무슨 생각에선지 이 문제가 해볼 만한 게임이라고 여기고 있었다. 그 어떤 업무보다도 이 문제에 집중하겠다며 직원들에게 적극 도와달라고 당부했다.

박 대사는 2010년 1월 사르코지 대통령에게 신임장을 제정˚하고 특명전권대사로서 공식 업무를 시작하자마자 나에게 이 일을 같이 해보자고 말했다. 내가 오랜 기간 동안 외규장각

• 외교 관례상 대사는 주재하게 될 당사국으로부터 자기 나라에 와서 활동하기에 적합한 인물이라는 의미의 승인을 해주는 아그레망을 받아야 한다. 아그레망을 받은 대사는 자국으로부터 특명전권대사로 임무를 부여한다는 신임장을 수여받아 주재국에 제출하는데, 이것을 신임장 제정이라고 한다.

의궤 반환협상에 참여했다는 사실을 어떻게 알았는지, 나의 지난 경험에 상당히 입맛이 당기는 듯 보였다. 박 대사는 무척 적극적이었다. 하지만 이미 여러 명의 대사들이 새로 부임할 때마다 비슷한 의욕을 보였다가 하나같이 이 문제에서 손을 떼는 것을 보았기 때문에, 나는 반신반의할 수밖에 없었다.

박 대사는 현재 외교 무대에서 한국과 프랑스가 당면한 상황을 적극적으로 활용해야 한다는 논리를 가지고 있었다. 한국은 2010년 11월 G20 정상회의 의장국을 수임할 예정이고, 프랑스는 그 바통을 이어받아 2011년 11월에 칸에서 열릴 G20 정상회의의 의장국을 맡을 예정이었다. 때문에, 현 의장국과 차기 의장국이 머리를 맞대고 손을 맞잡아야 하는 불가항력적인 협력 관계를 이용하자는 것이었다. 그리고 이것을 다시는 오지 않을 절호의 기회라고 확신하고 있었다.

일단 나는 어차피 더 잃을 것도 없는 상황이니 어떤 형태로든 협상의 불씨를 살리는 것이 먼저라는 의견을 제시했다. 하지만 프랑스 측이 협상에 응해줄지 예측할 수가 없었다. 프랑스로서야 어차피 협상 제안에 응하지 않고 시간을 끌기만 해도 현상 유지가 가능하니 우리가 협상을 하자고 조르더라도 모른 척하고 응하지 않으면 그만이었다. 프랑스로서야 아쉬울 것이 하나도 없었다.

나는 박 대사에게 그동안의 협상 과정을 상세히 설명하고, 근본적인 문제점에 대한 내 의견을 가감 없이 이야기했다.

"이 문제의 가장 큰 제약은 둘입니다. 하나는 프랑스의 국내법입니다. 프랑스 문화재법에 규정된 '문화재 불가양 원칙' 때문에 프랑스 정부는 현실적으로 외규장각 의궤를 우리 측에

양도할 방법이 없습니다. 문화재를 타국에 양도할 수 없음을 명시한 이 규정이 지금까지 문제 해결을 어렵게 한 결정적인 장애물입니다. 프랑스의 문화계 종사자들도 이 규정을 근거로 외규장각 의궤 반환에 끈질기게 반대하고 있습니다.

다른 하나는 '선례 구성' 문제입니다. 외규장각 의궤를 우리에게 돌려주면 이를 선례로 삼아 전 세계 국가들로부터 문화재 반환 요청이 쇄도할 것이고, 결국 루브르박물관이 텅 비는 사태를 초래하리라는 우려입니다. 의궤 반환을 약속한 미테랑 대통령 자신도 그런 말을 한 적이 있을 정도로 프랑스는 외규장각 의궤 반환이 위험한 선례가 되는 것을 크게 두려워하고 있습니다.

이 두 제약은 단지 프랑스 문화계의 국수주의적 성향에서 비롯한 것이 아닙니다. 현실적인 걸림돌입니다. 이 걸림돌을 피해가는 방안을 마련할 수 있을지도 미지수입니다. 외규장각 의궤 반환협상의 기본 전제는 1993년 김영삼 대통령과 미테랑 대통령 간에 합의되었던 '교류와 대여' 원칙입니다. 하지만 국내에서는 약탈당한 우리 문화재를 돌려받기 위해 다른 문화재를 내줄 수는 없다는 입장이 확고한 만큼, 결국 협상의 대전제를 거부하고 있는 셈입니다. 우리로서는 1993년 양국 정상 간에 합의된 대원칙을 깨뜨려야 하는데, 과연 가능할까요. 저는 무척 회의적입니다."

의욕에 찬 신임 대사에게 지금까지의 답답한 현황에 대해 설명하는 것도 쉬운 일은 아니었다. 하지만 더욱 어려운 것은 지금까지의 협상 진행 상황을 속속들이 알고 있는 나로서도 앞으로 어떻게 해봐야겠다는 묘안이 전혀 없다는 것이었다.

외규장각 의궤 반환 촉구 광고.
프랑스의 일간지 〈르 몽드〉에 실렸다.

    거의 20년 동안 협상이 계속 구렁텅이 속으로 빠져드는 근본적인 원인이 무엇일까. 질문은 단순하고 분명한데 답을 찾을 수 없었다. 왜 그런 걸까. 시작부터 잘못된 것이 분명한데, 아무리 과거 파일을 뒤지고 기억을 더듬고 자료를 찾아봐도 해결의 실마리를 찾을 수 없었다. 무력감이 나를 사로잡았다. 박 대사는 돌파구를 찾아보자고 했지만, 그 기미는 어디에도 보이지 않았다.

다시 **살아난 협상의** 불씨

본격적으로 업무를 시작한 박흥신 대사는 몇 년 전부터 꺼져 가고 있던 협상의 불씨를 살려보려는 노력에 착수했다. 지금까지의 외규장각 의궤 반환협상 경위에 대해 박 대사가 얼마나 이해했는지는 가늠하기 어려웠다. 이런저런 자세한 이야기를 하기도 하고, 당시 상황을 나름대로 생생하게 묘사하기도 했지만, 박 대사는 묵묵히 듣고만 있을 뿐 좀처럼 되묻는 법이 없었다.

박 대사는 우선 프랑스 외무부 인사들을 만나 외규장각 의궤 문제를 해결하지 않고는 한국-프랑스 양국 관계가 현 상태에서 더 이상 발전할 수 없다고 역설했다. 그렇기 때문에 현재 소강 상태인 반환협상을 재개하는 일이 무엇보다도 시급하다고 강조했다. 하지만 프랑스 측 인사들은 묵묵히 박 대사의 이야기를 듣기만 할 뿐 아무런 반응도 보이지 않았다.

자신의 가장 직접적인 업무 파트너인 프랑스 외무부 폴 장-오르티즈 아시아태평양국 국장을 처음 대면한 자리에서 박 대사는 "프랑스가 외규장각 의궤 문제를 그대로 방치한 채 협상 자체를 외면하고 있는 것은 매우 무책임한 행동이다"라고 말했다. 그렇기 때문에 자신은 "재임 기간 중 어떻게 해서든 양국 간 협상을 재개시키겠다는 결연한 의지를 가지고 프랑스로 부임했다"고 거듭 강조했다.

그러나 이 말을 듣고 있는 장-오르티즈 국장의 표정은 너무나 태연했다. 박 대사의 말이 식상하다는 식의 표정이었다. 내 눈에는 그가 이렇게 생각하고 있는 것처럼 보였다. '그렇지요, 처음 부임하면 다 열의가 넘치는 법이지요. 그럼 한번 잘 해보시구려.'

그와 병행해서 우리는 외교통상부 본부에 프랑스 측에 제시할 새로운 방안을 강구해줄 것을 거듭 요청했다. 외교통상부 본부는 프랑스가 외규장각 의궤 전부를 우리에게 양도하고, 그 대신 우리 국내법에 어긋나지 않는 범위 내에서 해외에 전시할 수 있는 문화재를 프랑스에 전시하는 방안을 제시했다. 지금까지 '등가등량의 교환'을 전제로 진행해온 협상의 틀을 깨는 비교적 과감한 제안이었다. 우리로서는 어차피 많은 돈을 들여 우리 문화재를 해외에 전시하고 홍보하는 만큼, 이번 기회를 활용해서 프랑스에 우리 문화재를 전시하는 대신 의궤를 받아오자는 전략이었다.

하지만 프랑스로서는 결코 달가울 리 없었다. 게다가 프랑스국립도서관 측이 이 제안을 받아들일 의사가 전혀 없었다. 프랑스국립도서관으로서는 300권에 달하는 외규장각 의궤를 다 내주면 텅 비게 될 서고를 채울 방법이 없기 때문이다. 또한 문화재 전시는 도서관과는 전연 무관한 것이니, 자기네 기관은 아무런 이득이 없기도 했다.

우리는 어찌 되었건 일단 굳게 닫혀 있는 외규장각 의궤 반

환협상의 솥뚜껑을 열어보기로 했다. 2010년 3월 외교통상부 본부로부터 받은 제안서를 프랑스 외무부에 전달하고 프랑스 측의 반응을 기다렸다. 하지만 반응은 쉽게 나오지 않았다.

그로부터 두 달이 지난 2010년 5월, 박흥신 대사와 나는 장-오르티즈 국장의 집무실로 가기 위해 대사관을 나섰다. 프랑스 외무부 건물은 우리 대사관에서 걸어서 10여 분 거리에 있는데, 흔히 이 건물이 위치한 거리 이름 그대로 '케 도르세'* 라고 부른다. 가는 길에 박 대사는 나름 긴장이 되었는지 오늘 프랑스가 어떻게 나올 것 같으냐고 물었다.

센 강변에 자리 잡은 프랑스 외무부 청사 케 도르세.
건물이 지어진 제국주의 시대를 떠올리게 한다.

"저는 프랑스가 협상 재개에 동의한다면, 아무래도 과거 민간전문가 간에 합의되었다가 실행이 무산된 의궤 맞교환 방식을 다시 거론할 것으로 짐작합니다. 프랑스가 여전히 이 방식에 대한 미련을 버리지 못했을 것으로 생각하거든요."

• '오르세 강변길'이라는 뜻이다. 프랑스에서는 관공서 건물 대부분이 지명을 딴 별칭으로 불린다. 프랑스 대통령궁인 엘리제궁의 이름 또한 샹젤리제(엘리제 거리라는 뜻)에서 따온 것이다. 케 도르세는 설계 당시부터 외무부 청사로 계획되었으며 1855년에 완공되었다.

"당시 우리 국내의 반응에 밀려서 무산되었는데도?"

"그렇기는 하지만, 그건 어디까지나 우리 국내 문제인 거죠. 그 방식은 양국 대통령이 1993년 합의한 원칙에 근거하고 있을 뿐만 아니라 프랑스 측이 프랑스국립도서관과의 협의까지 거친 최종 타협안이었거든요. 자기들로서는 제시할 수 있는 가장 좋은 방안이겠지요."

박 대사는 묵묵히 듣고만 있었다. 나는 이어서 설명했다.

"게다가 외규장각 의궤 문제에 관한 모든 실권을 프랑스국립도서관이 쥐고 있기 때문에 도서관 측이 동의하지 않는 방안을 프랑스 외무부에서 내놓을 리도 없고요."

프랑스 외무부의 아시아태평양국 국장 집무실은 센 강 쪽으로 창문이 나 있었다. 왼쪽 창문으로는 에펠탑이 보이고, 오른쪽 창문으로는 그랑 팔레*가 한눈에 들어왔다. 마치 그림엽서에 나오는 풍경 같았다. 회의 탁자에는 커피와 음료수가 준비되어 있었다. 장-오르티즈 국장이 우리를 반갑게 맞았다. 키가 크고 허리가 약간 구부정한 데다 수척하고 기운이 없는 듯한 모습이 마치 프랑스 시골에서 흔히 볼 수 있는 아저씨처럼 소박해 보였다.

그런데 아뿔싸! 집무실로 막 들어서는 순간, 나는 당황했다. 우리 측은 대사와 나, 둘뿐인데 프랑스 측은 외무부 아시아태평양국 국장, 동북아시아과 과장, 한국 담당관뿐 아니라 문화부 서지과 과장, 문화부 장관보좌관, 프랑스국립도서관 사무장까지 포진해 있었다. 그야말로 관련 인사들이 총출동해

• 1900년 파리 만국박람회를 위해 건립된 건물로 대규모 전시회가 자주 열린다. 안에서 승마대회를 열 수 있을 정도로 규모가 크다.

있었다.

　게다가 그 자리에 와 있는 프랑스국립도서관 사무장은 바로 자클린 상송이었다. 예전에 한상진 원장과 함께 프랑스국립도서관을 방문했을 때 고문서관 총괄국장이었던 그녀는 이제 프랑스국립도서관의 최고 행정직인 사무장이 되어 있었다. 미테랑 대통령의 의궤 반환을 막았던 장본인이 이제 프랑스국립도서관의 실권자가 된 셈이었다.

　나는 사전에 이렇게 많은 프랑스 인사가 면담에 참석할 거라는 사실을 통보받지 못했기 때문에 당황스러웠지만, 박 대사는 아무런 반응도 보이지 않았다. 태연하게 프랑스 측 인사들과 악수를 나누고는 나와 함께 나란히 자리에 앉았다. 박 대사는 오히려 이 사람들이 한꺼번에 모두 모인 게 낫다는 표정이었다.

　장-오르티즈 국장이 먼저 말문을 열었다.

　"한국 측 제안서를 검토해보았습니다. 제안서는 여기 이 자리에 참석하신 모든 관계 기관 인사들께도 회람되었습니다. 우선 그 제안서를 기초로 지금까지의 외규장각 의궤 반환협상에 대해 프랑스 내부적으로 전반적인 검토를 진행했습니다. 협상이 제대로 진행되지 못한 이유가 무엇인지 답이 나오지는 않았지만, 이렇게까지 지지부진하게 시간을 끌어온 데는 양측 모두 책임이 있다고 생각합니다. 참 답답한 노릇이지요……."

　그는 찬찬히 그리고 나긋나긋하게 이야기를 풀어나갔다.

　"그리고 외규장각 의궤 문제에 대한 해결책을 다시 모색해보자는 제안을 일단 받아들이기로 했습니다. 이 문제가 계속해서 한국과 프랑스 우호 관계의 발목을 잡고 있다는 한국 측의 지적에 동감하기 때문입니다."

우리는 아무 말 없이 장-오르티즈 국장의 말을 계속 듣고만 있었다. 우리에게는 프랑스가 이 문제를 어떻게 보고 있는지 아는 것이 무엇보다도 중요했다. 양국이 오랜 냉각기를 지나 모처럼 마주한 자리에서 상대방의 입장을 충분히 들어보는 것이야말로 문제의 핵심을 파악하는 가장 좋은 방법이라고 판단했기 때문이다.

"우리로서는 한국 측 고위 인사들을 만날 때마다 이 문제가 계속 거론되는 것이 무척 부담스러웠습니다. 1993년에 미테랑 대통령이 이 문제를 해결하겠다고 약속했기 때문에 그 부담감이 큰 것도 사실입니다. 다만, 협상을 재개하더라도 어디까지나 1993년 양국 대통령 간에 합의된 대전제, 즉 '교류와 대여'의 원칙에 근거해야 한다고 생각합니다. 오늘 협상의 출발점은 2001년 양국 민간전문가들이 일차적으로 합의했다가 한국 측의 반대로 무산된 바 있는 의궤 맞교환 방안으로 잡는 것을 제안합니다."

박 대사는 놀란 표정이었다. 바로 조금 전 이곳으로 오는 길에 내가 했던 말이 생각난 듯 보였다. 내가 그동안 만나본 대부분의 프랑스 관료들은 실제로 이 방식이 프랑스가 수용할 수 있는 유일한 방안이라고 말했다. 2001년 당시 살루아 위원도 프랑스로서는 이 이상의 양보는 있을 수 없다는 입장을 밝힌 바 있다. 그 배후에는 프랑스국립도서관 책임자들이 버티고 있다는 사실을 나는 알고 있었다. 그리고 그 구심점과도 같은 사람이 바로 지금 이 자리에 와 있는 상송 사무장이라는 것도 알고 있었다.

일단 프랑스 정부의 입장을 밝힌 장-오르티즈 국장의 말이 끝나자, 프랑스 측 인사들은 우리의 모습을 살피고 있었다. 박 대사와 나는 몇 초 동안 서로 바라보았을 뿐 아무 말도 하지 않았다. 일단 프랑스가 협상 재개에는 동의했으니, 협상의 불씨를 살리고자 했던 우리의 바람은 성공을 거둔 셈이었다.

폭탄선언으로 **벽을** 뛰어넘다

이윽고 박 대사가 말을 시작했다.

"제가 파리에 부임하기 얼마 전 우연히 TV에서 퀴즈 프로그램을 본 적이 있습니다. 〈도전! 골든벨〉이라는 프로그램인데, 학생들 사이에서 아주 인기가 좋지요."

뚱딴지같이 튀어나온 TV 프로그램 이야기에 프랑스 인사들은 모두 약간 어리둥절한 모습이었지만, 박 대사는 아랑곳하지 않고 이야기를 계속했다.

"그런데 거기서 프랑스가 1866년 병인양요 때 약탈해간 도서가 무엇인지 묻는 문제가 나왔습니다. 외규장각 의궤 문제가 20년 가까이 해결되지 못하니 이제는 퀴즈 문제로까지 등장한 것입니다."

박 대사는 잠시 말을 멈췄다. 그리고 빠르지도, 유창하지도 않지만 또박또박 정확한 프랑스어로 말을 이었다.

"한국 사람들은 프랑스를 무척 좋아합니다. 하지만 우리의 소중한 문화재를 약탈해가서 돌려주지 않는다는 사실이 청소년 퀴즈 프로그램 문제로 나올 정도로 외규장각 의궤 문제는 양국 관계를 아프게 하고 있습니다. 신발 속의 가시처럼 말

입니다. 이러한 상황은 프랑스의 국가 이미지에 큰 해가 됩니다. 한국의 청소년들이 이런 퀴즈 문제를 보면서 프랑스라는 나라를 어떻게 생각할지는 불 보듯 뻔하지 않습니까."

그의 말에 힘이 느껴졌다. 그리고 2001년에 양국 민간전문가가 해결 방안이라고 내놓았던 합의안은 국내에서 극심한 질타를 받았다고 말했다. 박 대사는 당시 협상에 참여했었고 우리 국내 반응에 대해서도 소상히 알고 있는 나에게서 설명을 직접 듣는 것이 좋겠다고 했다. 나는 인질 논란에 대한 이야기를 꺼냈다.

"당시 한상진 정신문화연구원장은 의궤 맞교환 방안이 국내에서 그렇게까지 심한 비난을 받을 것이라고 예상하지 못했던 것 같습니다. 하지만 이 방안이 언론에 보도되자, 그야말로 비난의 화살이 마구 쏟아져 내렸습니다. 우리 정부로서도 정말 속수무책이었습니다. 아무리 종이와 장정의 질 그리고 서공의 솜씨나 정성 면에서 차이가 있다고는 해도 원본, 부본 상관없이 의궤 하나하나가 모두 소중한 문화재라는 지적이었습니다. 지금 이 자리에는 문화부 분들도 계시고 국립도서관 책임자도 계시니, 당시 한국 전문가들의 지적이 무슨 의미인가는 저보다도 더 잘 아시리라 짐작합니다."

평소 확신을 가지고 이야기를 할 때면 흥분하면서 열변을 토하는 습관이 있는 터라, 그런 티를 내지 않기 위해 최대한 차분하게 그리고 상세하게 당시 정황을 설명했다.

"결국 프랑스에 있는 의궤의 가치가 더 크기 때문에 이걸 돌려받는 대신 한국에 있는 나른 의궤를 내준다는 발상은 상남을 구해내기 위해 차남을 대신 인질로 내주는 것과 다를 바가 없다는 비난이 거세게 일었던 것입니다. 이 방안은 결코 재고될 수 없을 것입니다."

끝으로 나는 이렇게 말했다.

"우리 정부는 그런 일을 되풀이하지 않을 것입니다. 결과가 어떨지 뻔히 알면서 같은 데마쉬*를 반복하는 것은 그야말로 손바닥으로 하늘을 가리는 어리석은 일이기 때문입니다."

아울러 박 대사는 프랑스 측이 우리 국내 정서를 감안해주었으면 한다고 덧붙였다. 우리 국민들의 강한 반감은 소중한 왕실의 유산을 지키지 못했다는 자책감과 일제강점기로 인해 받은 상처가 더해져 범국민적으로 각인된 것이니 프랑스 측이 이러한 정서를 조금이라도 이해하려고 노력해달라고 했다.

말하기 좋아하는 프랑스 사람들이 조용히 듣고만 있었다. 마지막으로 박 대사는 쐐기를 박듯이 말했다.

"문화재를 맞교환한다는 생각 자체를 우리 국민들은 결코 받아들일 수 없을 것입니다. 그러니 대가를 받을 생각을 하지 말고, 그냥 의궤를 돌려주고 대신 한국 국민들의 영원한 사의謝意를 선물로 받으십시오. 그것이야말로 미래 양국 관계의 초석이 될 것입니다."

프랑스 측 인사들의 눈이 휘둥그레졌다. 나도 마찬가지였다. 거의 15년 가까이 이 일을 맡아 해오고 있었지만, 누군가 이런 말을 할 거라고는 상상하지 못했다. 게다가 박 대사는 오늘 면담을 하는 순간까지 이런 방식으로 문제를 제기할 거라고 단 한 번도 말한 적이 없었다.

• 사전적 의미로는 발걸음이나 거동을 뜻하며, 국제 관계에서는 한 국가가 자국의 이해가 걸린 일에 대해 다른 국가를 상대로 교섭을 하는 행위를 데마쉬라고 칭한다.

감동을 받은 건지, 아니면 너무 놀란 건지 나 스스로도 분간할 수 없었지만 박 대사의 말을 예측하지 못했다는 것만은 확실했다. 박 대사가 과연 처음부터 이 말을 하겠다고 마음먹고 회의장에 들어섰는지, 아니면 문화재 맞교환은 수용할 수 없다는 소위 인질 논란에 대한 이야기를 듣고 그 자리에서 생각을 정한 것인지 도저히 알 수 없었다. 나중에라도 박 대사에게 직접 물어볼 수도 있었지만, 나는 묻지 않았다. 그 순간 내가 느낀 감동과 신선한 충격을 그대로 간직하고 싶어서인지도 모른다. 어쨌든 나는 그 순간부터 숙명처럼 이 업무에 매진하겠다고 결심했다.

하지만 프랑스는 이것을 폭탄선언으로 받아들였다.

돌파구를 **찾아서**

그때부터 박 대사와 나는 프랑스 주요 인사들을 만나러 다니기 시작했다. 정부 인사는 물론이고 하원의원, 상원의원, 지방의회 의장, 주요 도시 시장, 대학 총장, 교수, 학자, 프랑스학술원 회원, 신문사 사장, 논설위원, 기자, 예술인 그리고 기업인까지 한국과 조금이라도 인연이 있거나 한국 관련 업무를 하거나, 한국에 관심을 가지고 있는 인사는 모조리 만나고 다녔다.

우리는 이 모든 면담 때마다 외규장각 의궤 반환의 당위성을 역설했다. 특히, 기업인을 만난 자리에서는 G20 정상회의를 중점적으로 공략했다. 주요국 정상들과 국제기구 대표들이 한자리에 모여 국제경제 이슈를 다루는 회의인 만큼, 외규장각 의궤 문제가 한국과 프랑스 양국 간 경제 협력에 걸림돌이 되고 있다는 점을 특히 강조했다. 과거 TGV 판매를 위해 외규장각 의궤 반환을 약속했으나 이를 헌신짝처럼 저버렸다는 나쁜 이미지로 각인된 프랑스를 한국인들이 신뢰하지 않을 뿐만 아니라, 우리 정부가 프랑스 정부와 대형 경제 협력 프로젝트를 추진하려 해도 국민들이 이를 용납하지 않는다는 점을 부각시켰다.

자존심 강한 프랑스인들은 이 문제를 경제 협력과 연관시키는 데 대해 상당히 민감하게 반응했다. 하지만 점차 이 문제가 프랑스의 이미지에 해를 끼치고 궁극적으로는 양국 간 내실 있는 협력에 결정적인 장애가 된다는 사실을 수긍하기 시작했다. 기업인의 사고는 실용주의로 기울 수밖에 없기 때문이다. 그러면서 힘이 미치는 범위 내에서 최고 정책 결정자에게 이 상황을 주지시키겠다고 말했다. 최고 정책 결정자란 바로 사르코지 대통령을 뜻했다.

나는 프랑스 각계의 어떤 인사가 외규장각 의궤 문제에 대해 알고 있고, 누가 반대파이며 누가 찬성파인지 그리고 그 이유는 무엇인지 누구를 만나봐야 하는지 등등을 박 대사에게 추천하고 설명했다. 박 대사는 내가 추천한 인사와 만나는 걸 단 한 번도 주저한 적이 없었다. 누구든 만나서 열심히 설명하고 상대가 찬성파이면 묘안을 물었고, 반대파이면 반박하고 설득했다. 모든 면담은 프랑스어로 직접 했다. 주재국의 언어로 소통하는 것만큼 진실된 성의 표시가 없기 때문이다.

우리가 만난 프랑스 인사 중에는 콧대 높기로는 둘째가라면 서러운 유명한 석학, 기 소르망*이나 자크 아탈리**도 있었다. 두 사람 모두 우리나라를 여러 번 방문했고, 문화나 경제 분야에 대해 정책 자문을 한 적도 있는 지한파知韓派 인사들이다. 이 사람들을 만나면서는 내심 이들이 우리 편에 서서 외규

---

* 어느 곳에도 얽매이지 않고 여러 분야를 연구하고 분석하면서 다양한 활동을 펼치고 있는 문명비평가이다. 여러 차례 한국을 방문했으며 우리 국내 언론에 기고도 자주 하는 편이다.
** 미래학자이자 경제학자이다. 그랑제콜을 네 곳이나 졸업한 것으로 유명하다. 1998년 저술한 《21세기 사전》은 세계적인 베스트셀러가 되었다.

장각 의궤 문제에 관해 프랑스 언론에 칼럼을 써주거나 인터뷰를 해주는 정도의 적극성을 기대했다. 하지만 이것은 착각에 불과했다.

그들은 이 문제를 상당히 비판적인 시각으로 보고 있었다. '프랑스에서 문화재 반환이라는 문제는 국가의 사활을 건 중대 사안이며, 문화계 종사자들에게는 존재의 이유다. 한국 측의 정서적 접근은 이해하지만 그것은 프랑스의 국내 현실을 간과한 순진한 사고방식이다'라고 못을 박았다. 그러면서 프랑스 국내법은 결코 극복할 수 없는 장애물이라는 점을 분명히 했다. 워낙 사실을 냉철하고 정확히 분석하여 모든 논리를 전개하는 학자들이다 보니, 자신들의 소견을 밝히는 데 있어 잔인할 정도로 망설임이 없었다.

그들의 말은 비슷했다. '제 아무리 인류공영이나 보편적 가치 같은 이상주의를 주창하는 사람이라도 자국의 이익과 국내법에 반하는 행동을 하는 것은 모순이다. 그럴 프랑스인은 극히 드물 것이다'라는 설명이었다. 우리로서는 참으로 맥 빠지는 말이 아닐 수 없었다.

나는 모든 면담에 동행해서 이야기를 거들고, 매번 결과를 상세히 적어 외교통상부 본부에 전문電文*을 보냈다. 프랑스 각계의 주요 인사들이 이 문제를 보는 시각과 프랑스 내의 분위기를 우리 측에 있는 그대로 전달하는 것이 무엇보다도 중요하다는 생각에 가능한 한 소상히 썼다. 면담이 한 번 있을

● 본국과 재외공관이 전용 통신망을 이용해 지시를 내리고 보고를 하는 특별한 외교문서 체계이다. 외교전문은 다른 나라 정부가 해킹할 수 없도록 발송할 때 전체 내용을 암호화한다. 나라를 막론하고 모든 외교 업무는 전문을 통해 이루어진다.

때마다 7~8장씩 쓰다 보니 읽는 사람 입장에서는 지루할 수도 있지만, 나름대로 심혈을 기울였다.

주말에도 면담 자료를 준비하고 우리가 내세울 논거를 마련하느라 늘 분주했다. 프랑스의 문화재 관련 규정과 과거 사례를 찾아 분석하고 연구 논문이나 신문 기사를 찾아보는 일도 시간이 많이 드는 힘든 업무였다. 나는 서점에서 프랑스 《문화재법Code du patrimoine》 책을 샀다. 파란색 가죽 장정을 한 두툼한 법서였다. 깨알 같은 글씨를 들여다보며 필요한 부분을 우리말로 번역하느라 연신 안경을 벗고 눈을 비비며 집중했다. 어떤 식으로든 우리에게 유리한 근거가 되어줄 조문을 찾을 수 있을까 하는 막연한 기대도 없지 않았다. 하지만 그보다는 실제 내용을 제대로 파악해서 최소한 프랑스 측에 일방적으로 당하지는 않겠다는 지극히 현실적인 이유에서였다.

프랑스 문화계가 그리도 목을 매는 '문화재 불가양 원칙'의 실체를 알기 위해 문화재 국외 반출과 관련된 규정들을 집중적으로 분석했다. 문화재는 어떤 형태로든 외국에 양도될 수 없다는 대전제를 기초로, 국외 반출에 관한 수많은 세부 규정이 있었다. 그리고 국외 반출은 기본적으로 해외 전시를 위해 한시적으로 대여하거나, 훼손된 문화재를 복원하기 위해 부득이하게 외국으로 보내는 경우로 한정되어 있었다. 이 법서 자체가 자국의 문화재를 수호할 방법을 정리한 지침서였다.

실제로 프랑스는 문화재 맞교환이라는 틀에 맞춰 문화재를 원소유국으로 양도한 적은 있지만, 일방적으로 돌려준 경우는 한 번도 없었다. 양국 간 협상의 대선제인 '교류와 대여' 원칙은 바로 여기에 근거하고 있는 것이다.

문화재 약탈을 금지하는 '문화재 불법 반출 금지 협약'•이라는 국제법적 장치도 협약 채택 이전에 발생한 사건에 대해서는 소급 적용이 되지 않는다. 우리가 의지할 만한 어떤 탈출구도 없었다. 아무리 법서를 분석하고 국제법과 관련된 논문을 읽어보아도 이렇다 할 단서가 눈에 띄지 않았다. 참으로 답답한 노릇이었다.

그래도 마음속에는 2010년 11월 G20 정상회의를 외규장각 의궤 반환협상의 결정적인 전환점으로 삼겠다는 목표가 있었다. 서울 G20 정상회의 때 열릴 양국 정상회담에서, 원론적인 해결 의지만 확인했던 과거 회담과는 달리 궁극적인 합의에 이른다는 계획이었다. 이번 계기에 합의하지 못하면 외규장각 의궤 문제는 영원히 해결할 수 없을 것이라고 확신하고 있었다.

• '문화재의 불법 반출입 및 소유권 양도 금지와 예방 수단에 관한 협약Convention of the Means of Prohibiting and Preventing the Illicit Import, Export and Transfer of Ownership of Cultural Property'으로, 1970년 11월 유네스코 총회에서 채택되어 1972년에 발효되었다. 총 116개국이 가입했으며, 우리나라는 1983년에 가입했다.

내가 배운 **사유의** 미학

프랑스 인사들을 만나러 다니면서 다시 한 번 실감했지만, 외교관의 업무 중 가장 핵심은 바로 사람을 만나는 일이다. 외교만큼 사람과 사람 사이의 관계로 모든 일을 해결해야 하는 일도 드물다. 대통령 통역을 하면서 지켜본 정상회담도 결국 정상들이 어떤 관계를 맺느냐에 성패가 달려 있었다. 나는 정상끼리 맺은 관계에 따라 국가 간의 일이 성사되는 상황도 종종 목격했기 때문에, 외교란 결국 사람이 사람을 만나는 일이라고 확신하고 있다.

결국 외교는 교감에 모든 것을 걸어야 한다. 외교관에게 자신이 주재하고 있는 나라의 언어를 잘하는 것만큼 큰 무기는 없다. 자신의 의사를 분명히 전달하고 상대방의 의중을 확실하게 이해할 수 있는 외국어 구사력은 필수이기 때문이다. 그런 면에서 나는 적어도 다른 우리나라 외교관들에 비해 프랑스에서는 유리한 조건을 갖추고 있는 것이 분명했다.

사실 어릴 적 장래 희망은 외교관이 아니었다. 고등학교 1학년 때 세2외국어로 잠깐 배웠던 프랑스어를 좋아하게 되어 대학에서 전공을 하고, 졸업 후에 프랑스로 유학을 떠나 불문학 석사, 박사 학위를 차례로 받으면서도 외교관이 될 거라고는 꿈에도 생각지 못했다. 유학을 마치고 서울로 돌아와 몇 년 동안 대학에서 불문학 강의를 하면서도 여전히 외교관이라는 직업은 나의 청사진에 없었다. 하지만 7년 동안의 프랑스 유학은 훗날 외교관이 되어 활동하는 데 있어 가장 큰 재산이 되었다.

프랑스에서 공부하면서 가장 문제가 되었던 것은 내 사고 체계였다. 프랑스에 도착해 현대 불문학을 전공하기로 마음먹고, 지도 교수의 강의를 열심히 수강했다. 하지만 수업을 따라가기도 버거운 상황에서 정해진 주제에 대해 리포트를 작성하는 것이 내게는 너무도 가혹한 일이었다. 하나의 주제를 상대방이 납득할 수 있는 논리에 맞춰 체계적으로 분석하고, 그 분석을 증명하는 논리를 전개하는 작업을 제대로 할 수 없었다. 하나의 문장을 다음 문장으로 이어나가려면 두 문장 사이에 논리를 성립시켜야 하는데, 말이 쉽지 도무지 체계를 잡을 수 없었다.

첫 리포트의 주제는 앙드레 말로의 《왕도 La Voie royale》에 나온 '자아 성찰'이라는 테마 분석이었다. 내 나름의 논리를 세우고 서론, 본론, 결론의 틀에 맞춰 15쪽 정도 길이로 리포트를 작성했다. 며칠 밤을 새워가며 겨우 써낸 리포트를 받아든 지도 교수*는 몇 줄 읽어보지도 않고 표정을 바로 일그러뜨렸다.

"도대체 무슨 말을 하려고 하는 건지 알 수가 없군. 기본

• 앙드레 지드 연구의 최고 권위자로 꼽히는 학자이자 비평가인 알랭 굴레 교수였다.

적인 논리 흐름이 없잖나. 모든 분석에는 논리가 우선 정립이 되어야 하는데, 이건 그냥 자기 주장만 죽 늘어놓았군. 게다가 문장은 또 이게 뭔가, 거의 어린아이 수준이군. 이걸 나보고 읽으라고 가져온 건가?"

그러더니 그 자리에서 내 앞으로 리포트를 획 내동댕이쳐 버렸다. 나는 그때 지도 교수가 지었던 표정을 아직도 잊을 수 없다. 그 순간이 너무나 충격적이고 치욕적이었기 때문이다. 하지만 정말 눈앞이 캄캄했던 것은 도대체 뭐가 문제인지, 어떻게 해야 하는지 아무도 가르쳐주지 않는다는 것이었다. 결국은 사고체계, 즉 사고를 전개하는 방식이 문제였다. 내 머릿속에서 굳어진 주입식 사고체계를 상대방을 논리로 설득할 수 있는 분석식 사고체계로 바꾸는 데만 몇 년이 걸렸다.

누가 무슨 말을 하면 그 자리에서 내 의견을 곧바로 이야기하는 습관도 익혀나갔다. 자기 의견을 이야기하지 않으면 그냥 아무 입장도 없는 것으로 간주되기 때문이다. 무시당하지 않고 권리를 획득하려면 의견을 분명하게 밝혀야 하며 그것이 지극히 자연스러운 행위임을 배웠다. 주관과 분석 그리고 그것을 뒷받침하는 치밀한 논리, 이 세 가지를 이용해 매사를 객관화하고, 그렇게 객관화한 것을 언어로 표현해서 내 논문을 읽는 사람이 납득하고 공감하게 하는 훈련을 받았다. 훈련은 너무나 혹독했다.

유학 생활을 마치고 한국으로 돌아와 사람들과 소통하는 과정에서 그동안 길들여진 대로 말하고 행동했더니, 이내 돌아온 반응은 '쓸데없이 꼬치꼬치 말내답을 한다'는 것이었고, 그런 내 태도가 '건방져 보인다'는 것이었다. 사실 이건 사고

체계의 차이였다. 결국 나는 다시 우리식 사고체계와 대화 방식을 새롭게 익혀나가는 수밖에 없었다. 다시 적응 과정을 거쳐야 했다. 프랑스에 처음 도착했을 때 겪었던 어려움을 한국으로 돌아와서 다시 거꾸로 겪는 것이 정말 모순이라고 생각했지만, 한국에서 한국식으로 살려면 어쩔 수 없었다.

　분석적으로 사고하도록 가르친 지도 교수는 내가 박사 학위를 받고 한국으로 떠나기 전날 자기 집으로 나를 초대했다. 지도 교수의 집에는 오래된 체리나무 한 그루가 있었다. 지도 교수의 부인이 그 나무에서 딴 체리로 디저트를 만들어주었다. 마당에 별채를 짓느라 땅을 파다가 나무뿌리가 많이 상했는지 예전처럼 열매가 크지는 않다고 했지만 손수 만든 크림 치즈와 섞어 만든 체리 디저트는 정말 맛있었다. 지도 교수가 부인을 도와 접시를 나르고 와인을 서빙하고 식탁을 치우고 하는 모습도 인상적이었다. 하지만 그보다 더 인상적이었던 것은 언제나 직설적으로 말하면서 여지없이 내 자존심을 박살내던 지도 교수의 자상하고 온화한 모습이었다.

　"자네가 처음 논문 지도를 받겠다고 연구실로 나를 찾아왔던 때를 지금도 선명하게 기억하고 있네. 분명 예의 바른 학생 같기는 했는데, 뭔가 자신감이 없는 것 같았지. 막연히 아직 프랑스에 적응이 안 되어서 그런가 생각했다네. 무슨 아이디어가 있어도 그것을 상대방에게 논리적으로 증명하고 납득시키는 습관이 없다는 사실은 나중에 알게 되었지. 내가 호락호락한 선생은 분명 아니라네. 그렇지? 좀 엄하게 하기도 했고. 그런데 결과를 보게. 지금 자네가 어떻게 변했는지. 내 30년 교직 생활 중에 가장 보람 있는 일이 자네의 사고체계를 학

자답게 바꿔놓은 거라네."

　은발 머리에 은발 수염을 기르고, 예리한 눈초리와 항상 엄한 표정으로 나를 주눅 들게 만들었던 지도 교수의 갑작스런 칭찬이 나는 다소 아리송했다. 사실 그분이 무엇을 그토록 보람 있다고 생각했는지 아직도 잘 알지 못한다. 너무 많은 시간과 노력을 들여 힘들게 공부해서인지 공부 자체에 진절머리가 나 있던 터라, 박사 학위를 받기가 무섭게 한국으로 돌아와 버려 지도 교수에게 제대로 물어보지도 못했다.

　프랑스 사람들은 꼬치꼬치 따져 묻는 걸 좋아하니, 지도 교수가 나의 무반응에 실망하지 않았을까 싶었다. 하지만 한국에서 보낸 엽서에 지도 교수가 보내온 답장에는 이렇게 쓰여 있었다.

　"이것 보게. 자네의 글이 얼마나 물 흐르듯 자연스럽고 아름다운지. 글이 아름답다는 건 자네의 사유하는 방식이 논리적이고 자신감 있다는 걸 의미하네. 자네의 글을 읽는 그 자체가 나의 보람이었어."

　말과 글에 잡힌 논리적인 체계가 자신감을 의미한다는 지도 교수의 이야기를 꽤 긴 시간이 지나 외교관이 되어 프랑스에서 활동하기 시작한 뒤에야 이해할 수 있었다. 나는 매사에 나의 의견과 그 의견이 나오게 된 배경을 논리 정연하게 이야기했고, 상대방과 입장이 다르면 주저 없이 나의 입장과 그 입장을 뒷받침하는 분석을 제기했다. 프랑스 사람들은 어김없이 내게 프랑스 사람처럼 말한다고 했다. 그리고 이건 단지 프랑스어를 잘해서가 아니라, 바로 내 사고체계와 논리 선개가 프랑스식이기 때문임을 알게 되었다.

모든 일에 자기 입장을 논리적으로 피력하고 상대방이 뭐라고 하건 자기주장이 분명한 프랑스 사람들이다 보니 지극히 자연스럽게 논리학과 철학을 발달시켰을 것이다. 어디서든 둘만 모이면 토론을 벌이고 카페든 식당이든 늘 시끄럽게 이야기가 오간다.

　　그런 면에서 본다면 나는 적어도 프랑스에서만큼은 내가 유학 생활에서 터득한 사고체계와 대화 방식을 무기로 삼아 프랑스식으로 활동할 수 있는 강점을 가지고 있었다. 프랑스 사람들은 그런 나를 대화가 통하는 돈독한 파트너로 생각해주었다. 결과적으로 나는 지도 교수 밑에서 그렇게 굴욕적인 순간을 견디면서 혹독하게 훈련받은 덕분에, 프랑스에서 활동하는 데 있어 결정적인 무기를 지니게 된 것이었다.

외교관의 **식사법**

계속 이어지는 면담과 협의의 주된 무대 중 하나는 식당이었다. 맛있는 식사야말로 사람을 사귀는 가장 품격 있고 적절한 매개체이기 때문이다. 프랑스에서는 밥 먹는 일도 간단하진 않다. 점심시간이 보통 두 시간이지만 이것도 넉넉하지 않다. 게다가 저녁 식사는 더 길다. 8시쯤 시작한 저녁 식사가 자정을 훌쩍 넘기는 일도 많다. 이런 프랑스 사람들을 상대로 외교업무를 하려면 언어 능력뿐 아니라 체력도 필요하다. 인내심은 기본이다. 서너 시간씩 식당에 앉아 예의 바른 자세로 식사를 하면서 고문을 당하다 보면 허리가 저리고 엉덩이가 아픈 일이 다반사다.

하지만 외교관이 자기가 주재하고 있는 국가의 주요 인사와 밥을 먹기로 했다면 일단 반은 성공한 셈이다. 사람을 보자마자 밥 먹자고 초대할 수는 없는 일이니, 상대방을 식사에 초대한다는 것은 최소한 통성명을 한 기초 관계가 형성되어 있다는 뜻이기 때문이다. 상대방이 식사 초대에 응했다는 것도 그 자체로 의미가 있으며, 초대한 사람이 밥을 사는 것이 보통이므로 상대에게 빚을 지운다는 점에서도 유리한 위치에 있다고 볼 수 있다. 물론 그걸로 다는 아니다. 업무의 연장선상에 있는 일이니 무작정 친구 만나듯이 할 수는 없다. 그렇다면 성공적인 밥 먹기의 비결은 무엇일까.

먼저 장소를 잘 정해야 한다. 우선 상대방이 한국 음식을 먹어본 적이 있는지와 같은 기초적인 사항부터 파악한다. 외국 사람을 한국 식당에 초대하면 좋은 점은 일단 이야깃거리가 많다는 것이다. 음식에 대해 상대방보다 아는 것이 월등히 많을 터이니 주도권을 잡을 수도 있다. 다만 외국 음식에 호기심이 별로 없는 사람을 억지로 한국 식당에 초대할 수는 없는 일이니, 당사자의 양해가 전제 조건이다. 초대한 사람, 협의해야 할 업무의 성격 등도 고려해야 한다. 그러려면 평소 신문이나 잡지에 소개되는 식당에 관한 정보를 눈여겨봐야 한다. 나는 개인적으로 스크랩북을 만들어 식당 관련 기사들을 따로 모아두고 있다. 주재국 인사들과 식사할 기회가 워낙 많은 나에게 이 스크랩북은 보물 상자와도 같다.

같이 밥 먹자고 해놓고 다짜고짜 업무 이야기부터 들이대서도 안 된다. 그런 행동은 분위기를 망치는 지름길이다. 상대방이 나랑 밥상머리에 마주 앉아 서먹하지 않고 편안하게 느낄 수 있도록 유도하는 것이 무엇보다 중요하다. 편안함을 느끼면 분위기가 좋아지고 대화도 자연스러워지는 법이다. 그러자면 우선 '쓸데없는' 이야기를 먼저 꺼내야 한다. 흔히 날씨 이야기를 많이 꺼내지만 이 화제로는 대화를 길게 이끌어가기 어렵다. 프랑스 사람들이 가장 좋아하는 이야기는 지금 와 있는 식당에 관한 것이다. 식당의 역사나 유래, 실내 장식, 주방장이나 유명한 단골손님 같은 화제들은 상대방의 호기심을 자

극하고 입맛도 살려준다. 이 식당이 지난번 어느 잡지에 소개되었길래 이리로 초대했다고 하면 상대방은 '아, 이 사람이 나를 상당히 생각해주는구나' 하는 마음에 얼굴에 화색이 돌기 마련이다. 요즘 한국에서 일어난 일이나 한국 영화에 대한 이야기도 좋다. 이 모든 쓸데없는 이야기들은 본론으로 들어가는 길을 터주는 아주 유용한 매개체가 된다.

무엇보다 중요한 것은 시간을 투자해서 밥을 먹는 상대방도 뭔가 얻는 것이 있어야 한다는 점이다. 밥 한 끼 얻어먹자고 그 자리에 나올 주재국 인사가 있을 턱이 없다는 사실을 염두에 두어야 한다. 쓸데없는 이야기라도 어느 정도 수준에 폭도 넓어야 하며 그런 이야기를 늘어놓는 중에도 핵심은 따로 있다는 사실은 잊지 말아야 한다. 내가 믿을 만한 사람이며, 상대방을 배려하고 있고, 자신과 가까워지기를 원하고 있다고 느끼게 하는 것이 중요하다. 그저 쓸데없는 이야기만 늘어놓는 사람이라는 인상을 주어서는 안 되며, 분위기에 신경 쓰면서 속으로 잔머리를 굴려도 안 된다. 자신이 하는 말이 오로지 상대의 마음을 사로잡기 위한 미끼라고 스스로 생각하는 순간, 상대방도 그걸 곧바로 알아차리기 때문이다.

결국 핵심은 진심이다. 잔재주를 부리기보다는 마음을 다해야 한다. 식사에 초대한 상대를 어색하지 않게 해주고, 분위기를 띄우면서 배려하고, 성의를 다해 교감하려 노력하면 진심은 자연스럽게 전해진다. 그리고 어느 정도 말이 통하는 것이 느껴질 때 본론을 자연스럽게 꺼내면서 업무 협의에 들어가면 상대도 부담을 느끼지 않게 된다.

프랑스에서 외교관 생활을 하면서 나는 밥 먹기에 자신

이 생겼다. 불문학을 전공한 덕에 자기네 나라 작가나 소설 문구 같은 걸 소재로 삼으면 프랑스인들은 굉장히 신기해하면서 금세 친숙하게 다가왔다. 업무상 프랑스 신문을 거의 섭렵하다시피 하고, 개인적으로도 잡지를 무척 즐겨 읽다 보니 이런저런 잡상식이 늘어 나는 그야말로 쓸데없는 이야기의 대가가 되어 있었다.

내가 만난 프랑스 인사들은 쓸데없는 이야기를 즐겁게 들어주었고, 공감대를 나눠주었고, 점차 진심을 알아주었다. 그러다 보니 업무와 무관한 자리에도 나를 초대하거나 다른 주재국 인사에게 소개시켜주기도 했다. 좀 더 친밀하게 오랜 시간을 함께 보내면서 만찬을 갖는 일도 늘어갔다. 그렇게 나는 나만의 인맥을 확장해나갔다.

건강에 켜진 **적신호**

정신없이 일에 몰두하다 보니, 어느 순간부터 몸이 짜증을 내기 시작했다. 왼손잡이여선지 왼쪽 어깨가 먼저 고장 났다. 옷을 입으려고 팔을 들어 올릴 때마다 어깨에 통증이 느껴지더니 점점 심해졌다. 잠결에 왼쪽으로 돌아눕기라도 하면 소스라치게 아파서 잠에서 깨곤 했다. 아예 팔을 움직이지도 못하고, 밤에 잠을 잘 수도 없을 지경이 되었다. 주변 사람들이 남의 사정도 모르고 오십견이라며 놀릴 때마다 은근히 울화통이 치밀었다.

　　의사는 뾰족한 방법이 없다고 했다. 인대 주사도 맞아보고, 근육 주사도 맞아보았지만 헛일이었다. 몇 달 동안 진통제를 복용했다. 그나마 물리치료는 효과가 있는 듯했다. 다행히 대사관 근처에 있는 물리치료사*를 찾아내 일주일에 한두 번씩 물리치료를 받았다. 주로 점심시간을 이용해 약 30분 동안 받는 물리치료는 몹시 아팠지만, 어깨를 맡긴 채 가만히 누워

* 프랑스에는 아주 규모가 작은 개인 치료실을 운영하는 성식 물리치료사가 많다. 딤딩 의사의 처방전을 받아서, 가까운 곳에 위치한 물리치료사에게 전화를 걸어 치료 시간을 예약한다. 처방전이 있으면 건강보험으로 치료비를 모두 처리할 수 있다.

있는 그 시간이 내게는 업무에서 벗어나 머리를 비울 수 있는 휴식 시간이었다.

　어깨 통증은 1년 가까이 나를 괴롭혔다. 물리치료사는 다부진 몸매에 상당히 야무지게 생긴 사십대 초반의 프랑스인이었는데, 거의 1년 동안 내 어깨를 치료하면서 한국에 대해 이런저런 이야기를 나누곤 했다. 나중에는 자기가 한국에 대한 것이라면 전문가 수준이 되었다고 자평했다. 어느 날은 "한쪽 어깨에 이상이 있는 환자의 경우 십중팔구는 그 어깨가 다 나으면 다른 쪽 어깨에도 이상이 온다"라고 말했다. 나는 무슨 치료사라는 사람이 환자에게 그런 불길한 소리를 하느냐며 자격 미달이라고 농담을 했다.

　엎친 데 덮친 격으로 또 다른 이상이 생겼다. 몸에 이상한 물집이 여기저기 생긴 것이다. 가렵지가 않아서 잘 몰랐는데 자세히 보니 얼굴과 팔다리같이 노출된 곳을 제외한 몸 전체에 물집이 나 있었다. 본래 많이 피곤하면 알레르기성 두드러기가 나곤 했기에 대수롭지 않게 생각했는데, 며칠이 지나도 가라앉질 않았다. 가라앉기는커녕 오히려 점점 더 심해지는 것 같았다.

　물집이 온몸에 처참하게 번지고서야 병원을 찾았다. 피부과 의사는 한눈에 증상을 알아보고 진단을 내렸다. 극도로 피로하면 생기는 신경성 피부염이라고 했다. 그리고 연고를 처방해주면서 이렇게 말했다.

　"아침저녁으로 연고를 꼼꼼히 발라야 해요. 푹 쉬면 2~3주 내에 가라앉을 겁니다. 무리하지 않는 게 제일 중요해요. 이렇게 피부염이 생길 정도면 몸 상태가 정말 안 좋은 겁니다."

순간 화가 치밀었다. 도대체 무엇을 위해서 이토록 일에 매달리고 있는 것인가? 과연 내 한 몸 이렇게 혹사시켜서 해낼 수 있는 일인가? 20년 동안 아무도 해결하지 못한 일이 아닌가? 왜 그럴 수밖에 없었는지 내막을 너무도 잘 알고 있지 않은가? 프랑스가 순순히 외규장각 의궤를 우리한테 내놓을 리가 없지 않은가? 걷잡을 수 없는 회의가 나를 사로잡았다.

논리에는 **논리로**
수다에는 **수다로**

파리는 시내 전역에 엄격한 고도 제한이 있어 고층 빌딩을 찾아보기 어려운 도시이다. 하지만 극히 예외적으로 15구*의 센 강변은 고층 아파트 단지가 조성되어 있어 비교적 현대적인 분위기가 난다. 본래 파리의 변두리인 15구에는 1960년대까지 공장이 밀집해 있었다. 하지만 도시 재정비 사업이 추진되면서 공장은 모두 옮겨가고, 그 자리에 파리 시에서는 보기 힘든 파격적인 고층 아파트 단지가 조성되었다. 제각기 독특한 모양으로 지어진 17동의 고층 건물이 들어서 있는데, 1970년에 첫 번째 건물이 건설되었고, 1990년에야 마지막 건물이 지어졌으니 완공하기까지 총 20년이란 시간이 걸린 셈이다.

　프랑스 사람들은 왜 아파트 단지 하나를 조성하는 데 20년이나 걸릴까 하고 생각한 적이 있다. 우리 같으면 상상도 할 수 없는 일이지만, 프랑스에서는 작은 집 한 채 짓는 데도 2~3년씩 걸리는 게 보통이다. 프랑스 사람들은 느리지만 무척 치밀하다. 사전 준비 기간 동안 연구와 토론을 거듭한다. 수많은

* 파리는 행정구역을 구arrondissement로 구분해서 가장 시내인 1구부터 달팽이 모양으로 돌아가며 외곽으로 갈수록 숫자가 올라가 20구까지 있다. 15구는 파리 남서쪽이다.

규칙과 제약을 지키면서 동시에 주변 환경도 고려하고 컨셉도 맞춰야 한다. 모든 퍼즐 조각이 맞아떨어진다는 결론을 내리고서야 일을 시작한다. 덕분에 완공된 건물은 100년, 200년을 너끈히 견딘다. 그래서 세월이 흘러도 파리의 풍경은 쉽사리 변하지 않는다. 다만 파리에 있는 아파트는 대부분 지은 지 100년이 넘어 엘리베이터가 없거나 여기저기 삐걱거리는 고풍스런 건물이다 보니 새 건물에 익숙한 우리에게는 불편한 점이 많다. 그래서인지 상대적으로 최근에 정비된 15구에는 한국인과 일본인이 많이 살고 있다.

    우리 가족은 앞서 말한 고층 아파트 단지에서 조금 떨어진 평범한 10층짜리 아파트 맨 꼭대기 층에 살았는데, 복층 구조여서 위층으로 올라가면 탁 트인 전망이 한눈에 들어왔다. 오른쪽으로는 에펠탑이, 왼쪽으로는 파리 외곽의 구릉지대가 보였다. 주변에 높은 건물이 없는 덕분에 우리는 커튼 없이 3년 반을 버텼다. 커튼을 다는 게 보통 일이 아닌데 프랑스에서는 커튼을 사도 우리나라처럼 알아서 달아주지도 않고, 사람을 시키면 인건비도 터무니없이 비싸 큰 골칫거리였기에 천만다행이다 싶었다.

    복층 구조의 가장 큰 장점은 아이들 친구가 놀러오면 모두 위층에 몰아넣고 마음껏 뛰놀라고 큰소리칠 수 있다는 것이다. 위층에서 나는 소음은 우리만 견디면 되니, 아래층에 사는 사람들 눈치를 보지 않을 수 있었다. 우리나라도 층간 소음으로 이웃 간에 언쟁을 하는 일이 많은데, 프랑스의 사정도 마찬가지다. 조금이라도 쿵쿵거리는 소리가 들린다 싶으면 늑날같이 뛰어 올라와 요란하게 초인종을 누르고 초고속으로 온갖

훈계를 우다다다 늘어놓는 게 그네들 인심이니, 어린 사내아이가 있는 집은 특히 조마조마해하며 살 수밖에 없다.

조금만 발자국 소리가 들려도 조용히 하라고 매번 거칠게 항의하는 아래층 사람들에게 어찌나 시달렸던지, 어떤 집 엄마는 네 살배기 아들에게 '고양이 걸음'이라고 하면서 소리 나지 않게 걷는 법을 연습시켰다고 한다. 프랑스에서는 밤 10시까지만 집 안에서 소음을 내는 활동이 허용된다. 그 이후 시간에 피아노를 치거나, 부부 싸움을 하거나, 음악을 크게 틀면 곧바로 경찰에 신고당할 수 있다.

한번은 가깝게 지내는 동료 가족이 저녁 때 집에 놀러왔는데, 그 집엔 아들만 둘이었다. 그 집 아들 둘과 우리 집 딸 둘이 아파트에 딸린 마당에서 이리저리 뛰어놀다가 1층부터 10층까지 계단을 걸어 올라왔는데, 누가 빨리 오르나 내기를 하는 바람에 만만치 않은 소음을 낸 모양이다. 아이들이 집에 들어와 신발을 벗고 씩씩거리면서 저마다 널브러지기가 무섭게 아래층 아줌마가 초인종을 눌러댔다.

눈을 부라리면서 떠들어대는 프랑스 아줌마에게 나는 오늘 친구들이 오랜만에 놀러와서 그리되었으니 양해해달라고 최대한 정중하게 사과했다. 그런데 나의 사과에 기가 살았는지 갑자기 엉뚱한 이야기를 꺼냈다. 자기는 밤늦게까지 일하기 때문에 아침에 늦잠을 자야 하는데, 아침마다 위층 계단에서 신발 신고 내려오는 소리가 너무 시끄러우니 아이들에게 실내화를 신기거나 단속을 하라는 것이었다. 듣다 보니 갑자기 울화가 치밀었다. 나는 문밖에 서서 계속 지껄이는 그 아줌마에게 지금 내 발을 보라고 말했다.

"우리는 당신들처럼 집 안에서 신발 신고 살지 않아요. 내가 지금 맨발 인거 안 보여요? 신발 소리가 시끄럽다구요? 신지도 않은 신발 소리가 어떻게 납니까? 게다가 도대체 애들이 몇 시에 학교 가는지 아세요? 8시 반에 갑니다. 그게 이른 시간입니까? 지금 당신 늦잠 자라고 애들 학교 보내지 말라는 건가요? 애들 학교 그만둘까요? 오늘 저녁 우리 애들이 계단에서 시끄럽게 한 건 정말 미안합니다. 하지만 그것 말고는 절대 사과할 게 없어요. 그러니 그리 알고 그만 가주세요!"

나는 고등학교 1학년 때 프랑스어를 처음 배운 이래 가장 빠른 속도로 말을 뱉어냈다. 내 빠른 말과 단호함에 질려버린 아줌마는 흥! 하고는 그대로 내려갔다.

이에는 이다. 논리에는 논리로, 수다에는 수다로, 스피드에는 스피드로 대응하면 된다. 프랑스에서, 콧대 높은 프랑스 사람들 틈에서, 그들이 한국이 어디 있는 나라인지 잘 알지도 못하던 1980년대에 프랑스 문학을 공부하겠다고 씨름을 하면서 20대를 다 보내고, 이제는 그들 조상이 우리나라에서 약탈해간 왕실 보물을 돌려받기 위해 줄다리기를 한 끝에 내가 몸소 터득한 진리다.

Records of the State Rites of
the Joseon Dynasty, Uigwe

조선 기록 문화의 상징, 의궤

"의궤는 단지 한때에만 행해지도록 하는 것이 아니라, 실로 만세에 걸쳐 행해지도록 만든 것이다."

세종실록 10년 9월 4일 기사 중(1428년)

조선의 철저한 기록 문화는 의궤에서 그 빛을 발했다. 혼례, 세자 책봉, 장례, 종묘에서의 제사와 같은 왕실의 의식부터 실록의 편찬, 성의 축조와 같은 국가적인 사업, 악기 제작이나 잔치를 베푸는 일처럼 다소 시시콜콜해 보이는 일에 이르기까지 온갖 행사들이 의궤로 제작되었다. 의식과 행사의 선례를 만들어 후대 사람들이 법도에 맞게 의례를 치를 수 있게 하는 것이 의궤 제작의 목적이기 때문이다. 그 안에는 다양한 의식의 과정과 사용한 물품, 참여한 사람들의 명단 등이 모두 기록되어 있을 뿐만 아니라, 행사에 쓰인 각종 기물과 복식 등을 그린 도설圖說과 행사 장면을 그린 반차도班次圖도 함께 그려져 있어 그 가치를 더한다.

의궤는 왕이 보기 위해 만든 어람용 의궤와 여러 사고에 보관해두기 위해 만든 분상용 의궤로 나뉘는데, 그 둘은 내용은 같지만 수준에서는 큰 차이가 있다. 어람용 의궤는 질이 좋은 초주지를 사용한 데 반해, 분상용은 저주지를 사용하였다. 또한 어람용 의궤는 모든 그림을 직접 손으로 그렸지만, 분상용 의궤는 판화로 찍은 경우가 자주 보이며 세부 묘사나 채색 등에서도 어람용에 비해 수준이 현저히 떨어지는 것을 확인할 수 있다.

《영조정순왕후가례도감의궤英祖貞純王后嘉禮都監儀軌》의 반차도 부분 비교
어람용(위)에 비해 분상용(아래)는 완전히 같은 모양의 인물이 여럿 보여 판화로 찍었음을 알 수 있을 뿐만 아니라, 세부 묘사가 생략되어 있고 칠한 색도 약하고 탁하다.

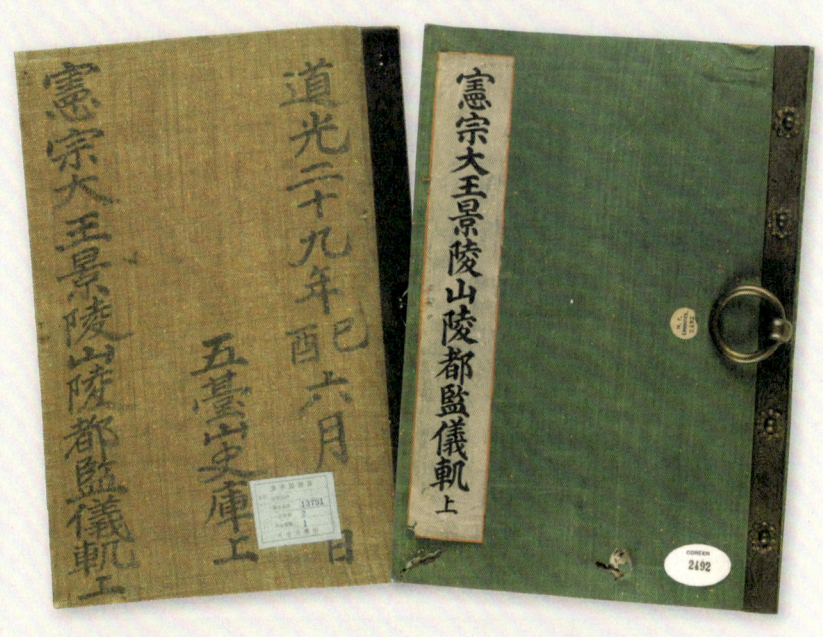

《헌종경릉산릉도감의궤憲宗殯殿魂殿都監儀軌》
어람용(오른쪽)은 표지로 녹색 비단을 쓰고 흰 비단에 제목을 써서 붙인 데 반해, 분상용(왼쪽)은 삼베로 표지를 만들고 제목도 그대로 위에 썼음을 확인할 수 있다. 또한 어람용은 경첩의 박을못 아래에도 국화무늬판을 대었지만, 분상용은 못만 박아두었다.

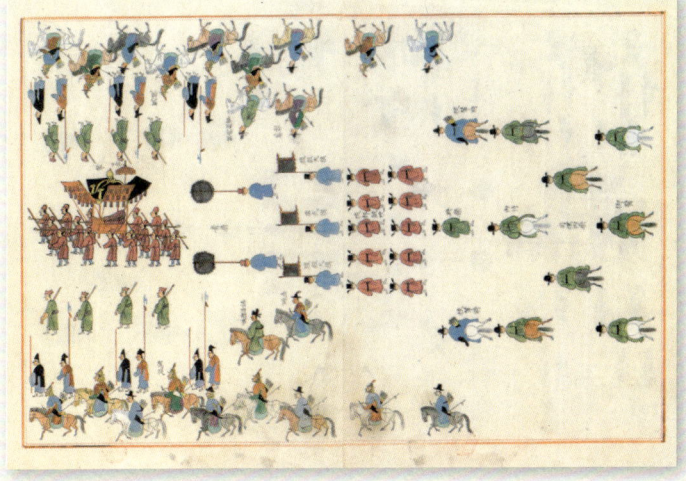

《영조정순왕후가례도감의궤英祖貞純王后嘉禮都監儀軌**》**
영조와 정순왕후의 혼인을 기록한 이 의궤에는 왕이 왕비를 맞으러가는 화려한 반차도가 실려 있어 사람들의 이목을 끈다.

《의소세손예장도감의궤懿昭世孫禮葬都監儀軌》
사도세자의 아들이자 정조의 형인 의소세손의 장례를 기록했다. 할아버지인 영조는 손자가 태어나자마자 세손에 책봉했을 정도로 아꼈으나, 3세라는 어린 나이에 죽자 눈물을 흘리며 슬퍼했다고 한다.

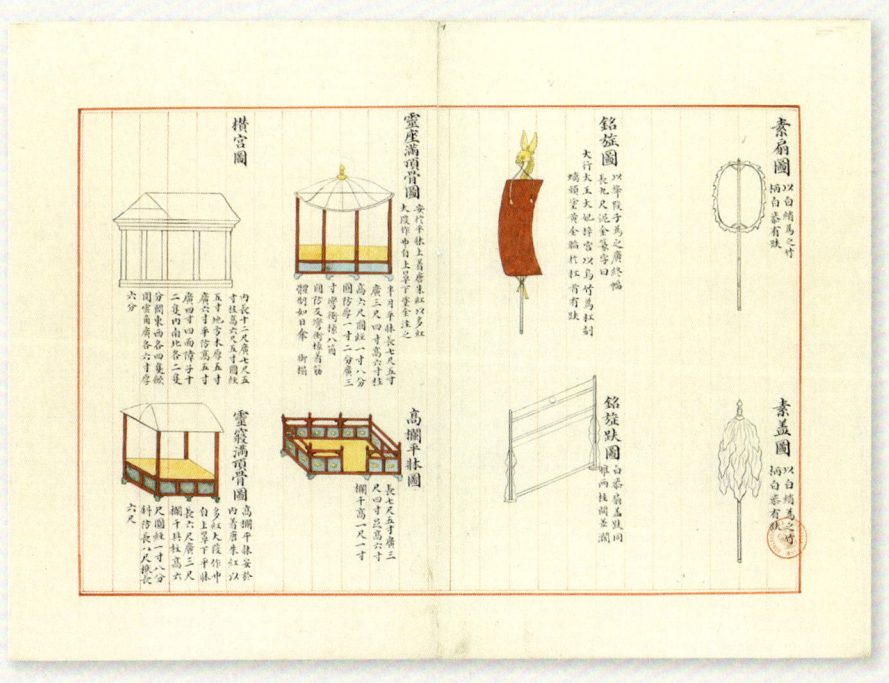

《장렬왕후빈전도감의궤》莊烈王后殯殿都監儀軌
인조의 둘째 왕비인 장렬왕후가 사망한 후 설치된 빈전에서의 의례를 정리한 의궤이다. 의식에 쓰이는 기물의 모양을 상세히 볼 수 있다.

4.

밀고 당기는

줄다리기 협상

운명적인 **파트너**

우리 집 바로 앞에는 시트로엥 공원이 있었다. 고풍스러운 풍광에 아름드리 마로니에나무가 빼곡히 들어찬 여느 파리 공원들과는 사뭇 다르게, 나무는 모두 한 줄로 심어 짤막하게 숏커트를 치고, 직사각형의 인공 물길을 만들어 그 가운데 잔디 광장을 조성한 이색적인 공원이다. 잔디밭 한가운데에 띄워놓은 거대한 기구에 오르면 파리를 한눈에 내려다볼 수 있었다. 이 모든 것이 15구의 현대적인 분위기와 참 잘 어울렸다.

　파리에서 근무하는 동안 집과 대사관 외에 가장 많은 시간을 보낸 곳이 바로 시트로엥 공원이었다. 나는 거의 매일 저녁마다 공원을 뛰었다. 처음에는 숙제하듯이 뜀박질을 했다. 그러다가 점점 운동을 안 하고는 못 배기게 되어버렸다. 가랑비가 내리고 진눈깨비가 흩날리는 날에도 뜀박질을 거르지 않았다. 차가운 바람이 얼굴을 때리고, 장갑을 껴야 할 정도로 손이 시려도 등 뒤로는 땀이 흘렀다. 한국에서 겨울 산행을 하면서 맛보았던 그 느낌이었다. 시트로엥 공원에서의 뜀박질은 그렇게 끊을 수 없는 매력으로 나를 사로잡았다.

　머릿속이 정리가 안 되고 고달픈 날에는 더 빨리 뛰었다.

뛰는 동안이나마 나를 짓누르는 강박관념에서 벗어나고 싶었지만 뜻대로 되지 않았다. 언제부터인가는 뛰면서 혼자 프랑스 말로 중얼대기 시작했다. 누군가를 앞에 놓고 설득하듯이 혼잣말을 했다. 지나가는 사람이 보면 정신 나간 사람인가 하고 한 번쯤 뒤돌아볼 법한 모습이었다. 내가 혼잣말로 우리 입장을 설명하고 있는 가상 아닌 가상의 상대는 바로 프랑스 외무부 동북아시아과* 과장 프레데릭 라플랑슈였다.

프레데릭과 나는 협상 테이블에서 처음 만났다. 내가 한상진 원장과 함께 파리에 협상을 하러 갔을 때 프레데릭은 프랑스 외무부의 한국 담당관이었고, 나는 한국 외교통상부의 프랑스 담당관이었다. 별로 크지 않은 체구에 약간은 답답한 모범생 같은 이미지였지만, 무척 꼼꼼하고 차분한 성격에 나름대로 유머 감각도 있는 친구였다. 그 직후 프레데릭은 중국 베이징으로 해외 근무를 나갔다. 그때가 1999년이었으니, 10년 만에 파리에서 정면 카운터파트로 다시 만난 것이었다.

어느 분야에서나 마찬가지겠지만, 외교 업무에서 카운터파트는 매우 중요하다. 우리나라가 어떤 국가와 외교적으로 협의해야 하는 사안이 생기면, 우리의 입장을 상대국에 전달하고 또 반대로 상대국의 입장을 전달받는 창구이자, 상대국과 온갖 업무 협의를 진행하기 위한 파트너가 되기 때문이다. 한마디로 외교관에게 카운터파트는 자신이 주재하고 있는 국가로 통하는 문이다.

외교관에게 가장 중요한 것 중 하나가 자신의 카운터파트

• 프랑스 외무부 동북아시아과는 한국, 중국, 일본, 몽골을 담당하고 있다. 아시아 주요 국가인 중·일을 한꺼번에 맡고 있어 외무부 내에서도 핵심 부서로 꼽힌다.

와 긴밀하고 우호적인 관계를 맺는 것이다. 이것이 외교관의 부임 기간 동안 업무의 성과에 결정적인 영향을 미친다. 카운터파트와 관계가 좋으면 좋을수록 상대국과의 교섭이 용이하고, 업무도 자연스럽게 진행할 수 있기 때문이다. 따라서 외교관이 임지에 부임하면 제일 먼저 해야 하는 일이 자신의 카운터파트와 면담을 하고 교류하는 것이다. 이 관계를 어떻게 발전시키는가는 전적으로 당사자의 역량에 달려 있다.

그런 면에서 핵심 카운터파트가 구면이라는 점은 큰 장점이었다. 외규장각 의궤 문제 외에도 대사관의 주요 양자업무*를 처리해야 하는 정무참사관**이던 나는 카운터파트와 협의해야 할 일이 많았다. 특히 고위 인사 방문이나 회담이 추진되면 일정을 잡고, 의제를 협의하고, 양측 입장을 사전에 조율하기 위해 수없이 서로 연락하고 만나야 했다. 북한 문제에 대해서도 양국의 대북정책 기조를 서로에게 허심탄회하게 이야기하고 조율해야 했다. 그러다 보니 우리는 그야말로 필수 불가결한 카운터파트가 되어 있었다.

박흥신 대사가 프랑스 측과의 첫 공식협상을 가진 자리에서, '한국으로부터 어떤 문화재를 대가로 받는 대신 한국 국민들의 영원한 사의를 받아라!'라고 폭탄선언을 한 이후, 양국 정부는 정식으로 박 대사와 장-오르티즈 국장에게 공식 협상

• 외교 업무는 크게 양자업무bilateral와 다자업무multilateral로 나뉜다. 우리나라와 특정 국가가 양국 간에 협의해야 하는 일을 양자업무라고 하고, 유엔이나 유네스코 같은 국제기구를 통해 특정 이슈에 대해 여러 나라가 같이 관계되어 하는 일을 다자업무라고 한다.
•• 재외공관의 주요 업무는 정무, 경제통상, 문화홍보, 영사, 총무, 외교통신으로 구분된다. 외교관의 직급은 통상 대사-공사-참사관-1등서기관-2등서기관-3등서기관으로 구분되며, 이것을 대외직명이라고 한다. 영사 업무를 담당하는 직원에게는 영사직명이 부여된다. 일반적으로 참사관은 외교부 본부에서 과장을 지낸 중견 외교관으로, 각 부서별 책임자이기도 하다.

대표 임무를 부여했다. 그때부터 실무는 나와 프레데릭의 몫이었다. 나는 거의 매일 프레데릭과 이메일이나 전화를 주고받으며 일을 진행했다. 외교통상부 본부로부터 오는 협상 지침과 우리 측 입장을 전하고, 이에 대한 프랑스 측의 반응을 전해 듣고, 이걸 다시 본부에 전문으로 보고하고, 협상의 세부 사항을 협의했다.

그렇지 않아도 자주 연락하고 만나던 프레데릭에게 하루에도 몇 번씩 전화를 하고, 이메일을 보내고, 이메일 확인하라고 또 전화를 했다. 그러다가 사무실로 찾아가 만나기도 했다. 여의치 않으면 사무실 근처 카페에서 점심을 함께하기도 했다. 사실 외교 업무는 자국의 이익을 위해 다른 나라를 상대로 벌이는 데마쉬가 주를 이룬다. 그러다 보니 격식과 매너가 중요할 수밖에 없다. 그런 상황에서 핵심 카운터파트와 급작스레 만나 식사를 할 수 있다는 것만으로도 나와 프레데릭은 상호 간에 아주 특별한 파트너인 것이 확실했다.

물론 처음부터 우리 사이가 이렇게 가깝지는 않았다. 업무상 만날 일이 있으면 여느 외교관들과 마찬가지로 비서를 통해서 면담 약속을 먼저 잡은 뒤, 관례에 따라 현지에 주재하는 외교관인 내가 주재국 카운터파트인 프레데릭을 사무실로 찾아가서 만났다. 주재국 외교부 담당관과 그 나라에 주재하는 외교관의 사이는 철저히 갑과 을의 관계일 수밖에 없다. 우리나라 외교부와 우리나라에 주재하는 다른 나라 외교관과의 관계도 마찬가지다.

하지만 구면이었던 우리는 자연스럽게 재회를 했고, 처음 만났던 때의 이야기도 나누고 하면서 점차 가까워졌다. 그러다가 2009년 말 우연치 않게 송년 만찬을 함께하게 되었다. 만찬이 끝나고 헤어지면서 농담 삼아 "본 아네Bonne année!˙ 그리고 우리 내년부터는 말 놓을까요. 이제 그래도 되지 않겠어요?" 하고 말을 건넸더니, 프레데릭이 "아니, 뭐 내년까지 기다릴 필요 있어? 지금 당장 말 놓자!"라고 하면서 그 자리에서 말을 놓아버렸다.

프랑스어는 우리말처럼 존댓말과 반말이 철저하게 구분되어 있고 그에 따라 문법도 다르다. 반말을 한다는 것 자체가 친밀함의 정도를 대변하는 척도가 된다. 존댓말과 반말의 어감은 그야말로 천지 차이다. 서로 말을 놓은 뒤 우리는 급속히 친해졌다. 친해지는 만큼 서로에 대한 믿음도 쌓여갔다.

우리는 자주 만나고 식사도 같이하면서 이런저런 이야기를 많이 나눴지만, 외규장각 의궤 반환협상이 본격적으로 시작된 후로는 일분일초가 아쉬울 정도로 업무 이야기에 집중해야 했다. 식사를 마치고 헤어질 때마다 나는 프레데릭에게 "오늘 나 뭐 먹었지? 너는 기억나니? 만나서 밥을 같이 먹을 때마다 일 이야기만 하다가 헤어지니, 뭘 먹었는지도 기억이 나질 않아. 이래서야 되겠어, 정말?" 하고 우스갯소리를 던지곤 했다. 그만큼 우리는 서로 일에 파묻혀 있었다.

프레데릭은 나를 마당발이라고 놀리면서도 틈나는 대로 여러 프랑스 인사들을 소개해주었다. 과연 나만큼 외규장각 의궤 문제에 애착을 가지고 있는가는 확실치 않았지만, 나와 이 업무를 같이하게 된 것을 운명적으로 받아들이고 있다는

• 프랑스어 새해 인사로 '새해 복 많이 받으세요.'정도의 뜻이다.

사실은 분명해 보였다. 우리는 많은 대화를 나눴고, 그만큼 많이 부딪히기도 했다.

"한국 사람들은 프랑스가 외규장각 의궤를 노략질한 일을 사과하고 두 손으로 공손히 의궤를 가져다 바치기를 원하고 있어. 그런데 너도 한번 솔직히 생각해봐. 프랑스가 한국한테 우리 신부 아홉 명 처형한 거 사과하라고 요구한 적 있는지, 그들을 살려내라고 한 적 있는지 말이야. 한국의 요구는 논리적이지 않아."

"이건 닭이 먼저인지 달걀이 먼저인지 하는 이야기야. 엄청난 소모전일 뿐이라고. 그 당시 조선의 위정자들은 새로운 종교의 확산을 국내 질서를 무너뜨릴 수도 있는 매우 위험한 현상으로 볼 수밖에 없었어. 프랑스 신부들 아홉 명이 처형당한 사건은 정말 불행한 일이지. 하지만 그때 조선의 천주교 신도들도 8천여 명이나 희생되었지 않니. 그건 그만큼 당시 상황이 어려웠다는 걸 말해주는 거야. 우리가 원하는 건 프랑스가 과거사를 들먹이지 말고, 문화 대국답게 약탈한 문화재를 돌려주는 거야. 더구나 이건 조각이나 그림 같은 예술품도 아니고 우리 선조의 전통 예식을 기록한 기록물이잖아. 너희한테 이게 무슨 쓸모가 있어."

"야야, 살살해라 살살. 그런 식으로 어느 한쪽한테 무조건 양보하라고 하는 건 말이 안 되잖아."

격한 논쟁 끝에 폭발하기도 하고, 비꼬는 쪽으로 대화가 흘러가는 때도 많았다. 하지만 이것은 사실 관계는 아주 단순하지만 20년 가까이 해결책이 나오지 않는 문제를 해결해야 하는 우리 상황에 대한 안타까움이었다. 외규장각 의궤는 본디 우리 것이지만 프랑스가 가지고 있었고, 우리는 정당한 사유로 돌려받으려고 하지만 프랑스는 자기네가 소유하고 있는 문화재를 내줄 수 없었다.

병인양요 당시 프랑스 군인이 그린 목탄화.
프랑스 함대(위)와 강화유수부 앞 프랑스군의 모습(아래).

외교 관계에는 반드시 상대방이 있다. 어느 한쪽이 자기 입장만 내세울 수 없는 것이 현실이다. 한 국가가 내세우는 정당성이 상대국의 입장과 정면으로 대치되는 경우도 종종 있다. 외규장각 의궤 문제가 바로 그런 경우였다. 서로의 논리가 교차점을 찾을 수 없는 평행선을 그리고 있었다. 나와 프레데릭은 이 긴 평행선을 억지로 끌어당겨 교차점을 만들기 위

해 애를 쓰고 있었다. 흥분하면 속어와 비어를 사용해 속사포처럼 자기 입장을 적나라하게 표명하는 것은 프레데릭도 여느 프랑스 사람과 똑같았다.

"시라크 대통령이 정상회담 때 이 문제가 지긋지긋하다고 했다고 그랬지? 정말 시라크 대통령다워. 워낙 직선적이고 성격이 불같거든. 하지만 나는 그런 성격이 아닌데도 정말 이 문제가 지긋지긋해. 진절머리가 난다고!"

간혹 우리는 서로 솔직하게 마음속 고단함을 쏟아내곤 했다. 그건 일종의 카타르시스와도 같았다. 하지만 외교관으로서 지켜야 할 선은 한 번도 넘은 적이 없었다. 서로를 존중했기 때문이다.

나와 프레데릭은 많은 이야기를 나눴다. 하지만 모든 사적인 대화가 어디까지나 업무를 잘해보기 위한 연장선상에 있다는 사실을 둘 다 아주 잘 알고 있었다. 어쩌면 팽팽한 신경전에서 밀리지 않으려고, 서로 자기가 가진 패를 드러내지 않으려고 꼼수를 부렸던 것에 불과한지도 모른다.

비록 일 때문이었지만 자주 만나 이야기하고, 점점 더 서로에게 익숙해지면서 둘만이 공감할 수 있는 영역이 점차 늘어갔다. 하지만 우리는 결코 친구가 될 수 없었다. 한국과 프랑스의 외교관으로서, 양국이 첨예하게 대립하는 난제를 풀어야 했기 때문이다. 하루는 만나서 다소 느슨하게 업무와 상관없는 이야기를 한참 나누다가도, 다음 날에는 다시 반대 진영에 선 적군처럼 서로를 압박하기도 했다. 매일 되풀이되는 힘든 일상 속에서 서로의 건강을 걱정하다가도, 합의를 보아야 하는 텍스트를 앞에 두고는 집요하게 자국의 입장을 내세우며 열변을 토할 수밖에 없었다. 이 모든 것이 같은 방향을 바라보고 긴 길을 함께 걸어가며 해결책을 찾아야 하는 나와 프레데릭이 함께 나눠야 하는 과정이었다. 우리는 이 사실을 잘 알고 있었다.

무시무시한 **마담 상송**

2010년 5월 양국이 외규장각 의궤 반환협상을 재개한 이후, 박 대사와 나 그리고 장-오르티즈 국장과 프레데릭, 이렇게 넷이서만 만날 기회가 자주 있었다. 일종의 비공식 협상이었다. 장-오르티즈 국장은 우리가 이렇게 따로 만나 협의하고는 있지만, 사실 이 협상의 열쇠를 쥐고 있는 사람은 따로 있다면서 그 사람이 바로 프랑스에서도 거의 전설적인 인물로 통하는 '마담 상송', 즉 프랑스국립도서관 사무장 자클린 상송이라고 말했다. 하지만 일단 비공식 협상에서는 이 전설적 인물을 배제한 상태에서 순전히 외교적으로 어떤 해결책이 있을지 허심탄회하게 협의를 해보자고 제안했다.

 2010년 6월 초, 두 번째 공식 협상이 열렸다. 공식협상은 공평하게 주프랑스 한국대사관과 프랑스 외무부 아시아태평양국 국장 집무실을 차례로 번갈아가며 개최하기로 사전에 합의했었다. 이번 협상은 우리 대사관 차례였다. 우리 대사관은 문화재로 지정된 고풍스런 귀족 저택이라 나름대로 운치도 있고 프랑스적인 분위기가 물씬 풍기지만, 오래된 건물이다 보니 사무실로 쓰기에는 불편한 점도 많았다. 그날도 공식 협상을 위한 회의장으로 적합한 장소가 마땅치 않아, 하는 수 없이 대회의실에서 협상을 진행하기로 했다. 참석자에 비해 대회의실은 턱없이 컸지만 다른 대안이 없었다. 이번 공식 협상에는 지난번 1차 회의 때 참석했던 프랑스 측 인사들이 모두 자리를 같이했다. 물론 상송 사무장도 있었다.

협상 시간을 앞두고 나와 박흥신 대사는 무척 긴장했다. 프랑스 측 인사들이 도착했다는 경비실의 연락을 받고 우리는 회의실 문 앞으로 나가 손님들을 맞이했다. 다들 예의 바르게 악수를 하고 서로 인사말을 건넸지만 딱 한 사람, 상송 사무장만은 한마디도 하지 않았다. 악수를 하는 둥 마는 둥 하더니 특유의 무뚝뚝한 표정 그대로 명패가 놓인 자기 자리로 가서 앉았다.

그날 협상은 내가 주도하도록 계획되어 있었다. 세부적인 사항에 대해 공방을 벌여야 했기 때문에, 과거 협상 경위를 속속들이 알고 있는 내가 직접 협상을 이끌어나가는 편이 더 효율적이라고 판단한 것이다. 우선 박 대사가 간단한 인사말을 한 뒤 나에게 협상 주도권을 일임한다고 설명하자, 장-오르티즈 국장이 뒤이어 인사말을 했다.

초반부터 양측이 팽팽하게 탐색전을 벌이고 있는 것이 느껴졌다. 6월 초의 파리 날씨답지 않게 그날은 상당히 더웠다. 협상은 오후 2시부터 시작했는데, 회의실의 서쪽 창문을 통해 초여름의 햇볕이 그대로 들어오고 있었다.

프랑스 측이 우선 몇 가지 방안을 제시했다. 그 방안들은 모두 지금까지 프랑스가 주장했던 '교류와 대여'의 틀을 벗어나지 않았다. 그중에서 프랑스가 가장 실현 가능성이 높다고

보는 방안은 외규장각 의궤를 몇 묶음으로 나누고, 그중 한 묶음을 한국으로 가져다 일정 기간 전시했다가 다른 묶음으로 교체하는 방식이었다. 그런 식으로 계속 의궤를 회전시키자는 의견이었다.

　속으로는 말도 안 되는 방안이라며 한 방에 날려버리고 싶었지만 명색이 외교 협상을 하는 자리인데 내 멋대로 무례한 행동을 할 수는 없었다. 또 그런 돌발적인 행동이 우리 측의 입지만 좁히는 무분별하고 소모적인 행동이라는 사실을 너무나 잘 알고 있는 만큼, 끓어오르는 속을 억누르고 겉으로는 태연한 척 프랑스 측의 제안을 다 들었다.

　그러고는 그 방안들에 대한 우리 측의 입장을 상세히 설명했다. 동의할 수 없는 이유와 그에 대한 우리 국내 정서를 주로 설명해야 했기 때문에 나의 발언은 대부분 프랑스 측에는 부정적인 견해로 들릴 수밖에 없었다.

　"18년 동안 이 문제가 답보 상태에 있는 것은 무엇보다도 이 문제를 보는 양국의 시각에 너무나 큰 차이가 있기 때문입니다. 우리 국민 정서로서는 무력으로 약탈당한 우리 문화재를 돌려받는 것이 지극히 정당하고, 이에 대해 프랑스가 이런저런 조건을 달고 자기 중심적인 방안들을 제시하는 것 자체를 도저히 납득할 수 없습니다. 지금 프랑스 측이 제시한 방안들은 그런 정서를 완전히 무시한 채 거론되어 왔던 과거의 방안과 전혀 다를 것이 없습니다. 아니, 오히려 더 후퇴한 것으로 여겨질 수도 있는 것들입니다."

　나는 맞은편에 앉은 상송 사무장의 표정을 살폈다. 서른 명이 둘러앉을 수 있는 넓은 회의 탁자 양쪽 끝에 마주 앉은 터라 거리가 3~4미터는 족히 떨어져 있었지만, 내가 조목조목 짚어가며 반론을 제기할 때마다 그녀의 얼굴에 나타나는 표정의 변화는 충분히 읽을 수 있었다.

상송 사무장은 한마디도 하지 않았다. 뿐만 아니라 우리와 단 한 번도 눈을 마주치지 않았다. 그렇다고 고개를 숙이고 있는 것도 아니었다. 그냥 맞은편 한국 사람들에게 눈길을 주지 않은 채, 꼿꼿한 자세로 간혹 고개를 끄덕이거나 미간을 찌푸리거나 할 뿐이었다. 협상의 대상인 문화재를 100년 넘게 소장하고 관리해온 프랑스국립도서관의 책임자로서 내 말을 어떤 식으로 받아들이고 있는지는 불 보듯 뻔한 일이었다.

그녀의 깊게 패인 눈가에는 초조함과 거부감, 심지어 적개심까지 겹쳐 있었다. 그렇지만 그런 모습은 아랑곳하지 않고 나는 반론을 계속했다.

"외규장각 의궤는 297권을 하나로 묶어 그 방안을 마련해야 합니다. 그룹으로든 낱개로든 절대 분리할 수 없습니다. 모두 한 장소에서 한 시각에 프랑스군이 약탈했기 때문입니다. 우리는 외규장각 의궤 전체에 대한 포괄적인 해결 방안을 마련하길 원합니다."

초여름 날씨가 덥다 못해 불쾌하게 느껴졌다. 여름 바캉스 한 달을 즐기기 위해 1년 내내 일한다는 프랑스 사람들에게는 이런 날씨가 여름의 서막을 알리는 유쾌한 징조일지 모르나, 이 무시무시한 상대와 협상을 벌여야 하는 우리의 체온은 더욱 높아지고 있었다.

상송 사무장은 옅은 하늘색이 도는 회색 스커트 정장 안에 흰색 긴팔 블라우스를 받쳐 입고, 목에는 푸른색 계열의 스

카프까지 두르고 있었다. 연갈색의 단발머리는 단정하게 뒤로 넘겨 하나로 묶어, 그렇지 않아도 여학교 사감 선생님 같은 인상이 더 강하게 보였다. 시종일관 말 한마디 없이 내가 하는 말을 듣다가, 옆에 앉은 장-오르티즈 국장과 소곤소곤 귓속말을 주고받거나 가느다란 한숨과 함께 고개를 설레설레 젓는 게 다였다.

 탁자 위에는 물과 커피가 놓여 있었지만, 협상이 계속되는 동안 상송 사무장은 그 더운 여름날 오후 내내 입에도 대지 않았다. 한국 사람들에게서는 물 한 모금도 얻어 마시지 않겠다는 무언의 시위로 보였다. '진짜 지독하다. 분명 무척 목이 마를 텐데……' 나는 그녀의 표정을 주시하며 생각했다.

 대외 보안을 위해 회의실 문까지 꼭 걸어 잠근 채 회의를 진행했기 때문에 실내는 더욱 무덥게 느껴졌다. 다들 더워서 재킷을 벗고 와이셔츠 바람으로 협상을 하고 있었다. 하지만 협상 내내, 상송 사무장은 단 한순간도 자세를 흩트리지 않고 두꺼운 스카프도 그대로 두른 채, 물 한 모금 안 마시고 말 한 마디 하지 않고 그렇게 고개만 설레설레 젓다가 회의장을 떠났다. 우리가 다른 손님들과 일일이 악수를 하며 배웅하는 사이에 인사도 없이 먼저 나가버린 것이었다.

 나는 그녀가 이렇게까지 우리에게 거부감을 표한 것이 어쩌면 자신의 철두철미한 직업 정신과 소신을 보다 잘 드러내기 위해 행한 '연출'이 아니었을까 하고 생각해보았다. 그렇지 않고서야 굳이 우리 대사에게 인사도 하지 않고 가버리는 무례한 행동을 할 이유가 없지 않을까 하는 추측에서였다. 만약 연출이 아니라면 이건 정말 심각하다는 생각도 들었다. 고집

불통에다 무시무시한 사람이라는 명성은 익히 들어 알고 있었지만 이렇게까지 철저하게 소통을 거부할 거라고는 솔직히 상상하지 못했기 때문이었다. 어쨌든 그날 상송 사무장의 태도는 앞으로의 협상이 얼마나 험난할지 우리에게 미리 경고하는 것으로 보였다.

대통령도 **어찌 못한** 신념

프랑스국립도서관장은 장관급 정무직으로, 대통령이 임명한다. 그러다 보니 실권을 행사하는 것은 전문가이자 행정가로 도서관 안에서 잔뼈가 굵어, 도서관 공무원으로서는 최고직인 사무장의 자리에 오른 자클린 상송이었다.

상송 사무장의 실권이란 다름이 아니라 도서관 내 직원들에 대한 막강한 영향력이었다. 그런 영향력이 과연 어디서 오는 것일까 하고 곰곰이 생각해보았다. 답은 리더십이었다. 그녀에게는 같은 조직에 몸담고 있는 모든 직원들이 존경하고 따를 수밖에 없도록 만드는 리더십이 있었다. 그렇다면 그 리더십의 정체는 과연 무엇일까.

1993년 9월, 한국 방문을 앞둔 미테랑 대통령은 한국 측의 관심이 가장 큰 사안이 바로 외규장각 의궤라는 사실을 누구보다도 잘 알고 있었다. 이 문제를 해결하겠다는 의지를 가지고 있던 미테랑 대통령은 우리의 요청대로 프랑스국립도서관 측에 외규장각 의궤 두 권을 서울로 가져오라는 명령을 내렸다. 당시 프랑스국립도서관의 행정국장으로 있던 자클린 상송과 동양고도서 책임연구원 모니크 코엔, 이 두 사람이《수빈휘경원원소도감의궤》상·하권을 자물쇠를 채운 금고에 담아 가지고 왔다. 미테랑 대통령은 의궤를 청와대로 가지고 가야 하니 금고를 열어 책을 꺼내라고 지시했다.

하지만 두 여성 직원은 대통령의 명령을 결사적으로 거부했다. 미테랑 대통령은 그냥 보여주기만 하고 다시 가져올 거라면서 책을 꺼내라고 했지만, 두 직원은 금고 위에 주저앉은 채 꿈쩍도 하지 않았다. 하는 수 없이 결국 경호원을 시켜 둘을 억지로 끌어냈지만, 금고에는 자물쇠가 채워져 있었다. 급기야 두 사람은 금고 열쇠를 던져버렸다. 결국 금고를 채운 자물쇠를 부수고 나서야 미테랑 대통령은 《수빈휘경원원소도감의궤》 상권을 김영삼 대통령에게 전달할 수 있었다.

이렇게 소장 도서 한 권을 '강탈'당한 두 사람은 파리로 돌아오자마자 사표를 제출했다. 남의 나라 문화재를 약탈한 것도 모자라 절대 양도할 수 없다는 규정으로 묶어놓고, 그걸 전문가적 윤리라고 주장하는 것이 우리 입장에서는 말도 되지 않는 억지로밖에 보이지 않았다. 하지만 상송 사무장은 자신의 삶의 가치와 의미를 그런 방식으로 자기 책임하의 문화재를 철저하게 지키는 데 두고 있었다.

바로 그것이 그녀의 리더십의 정체였다. 옳지 않다는 확신이 있을 때는 대통령의 명령도 거부하는 그 뚝심은 프랑스 국립도서관 직원들에게 자부심을 심어주었고, 자신들의 존재와 자신들이 하고 있는 일의 중요성을 인식하게 해주었던 것이다. 내가 몸담고 있는 조직의 상사가 직업의식과 소신을 지키기 위해 직을 걸고 대통령의 명령을 거부하는 용기를 보여주었는데, 누가 그 조직을 믿지 못하고 그 상사를 존경하지 않

겠는가. 비단 프랑스국립도서관에만 한정된 것이 아니었다. 문화재를 소장하고 관리하는 일을 천직으로 알고 있는 프랑스 내 문화계 종사자 모두가 같은 정서를 공유하고 있었다.

상송 사무장은 과거 대통령의 명령을 거부했던 그 자세 그대로 우리와 맞서고 있었다. 외규장각 의궤를 반환받는 데 결정적인 적, 그것도 아주 무시무시한 적이었다. 그녀는 협상이 시작된 그 순간부터 운명과도 같이 20년 동안 똑같은 모습으로 똑같은 원칙을 고수하면서 문화재에 애정을 쏟아붓고 있었다.

그녀가 대변하는 프랑스 문화계의 투철한 직업의식과 억지에 가까운 애국심, 바로 이것들이 외규장각 의궤 반환협상의 발목을 잡고 옴짝달싹 못하게 하고 있었다.

단풍은 **물들고**, 내 가슴은 **멍들고**

　우리의 초조한 마음과는 상관없이 시간은 계속 흘러갔다. 프랑스 측은 아무래도 프랑스국립도서관이 포함된 공식 협상으로는 진전을 보기 어려울 것 같으니, 일단 외교 채널을 통한 협의에만 집중하자고 제안했다. 2차 공식 협상 때 프랑스 측이 내놓았던 방안을 내가 강한 어조로 일축해버리고 난 뒤 프랑스 내부적으로 의견 조율이 되지 않고 있던 탓이었다.

　그런 와중에도 프랑스 측은 일방적인 양도는 어렵다는 입장을 계속해서 고수했다. 의궤 전부를 한 번에 한국에 돌려줄 수는 없으며, 대신 몇 묶음으로 나눈 의궤를 한국과 프랑스 사이를 계속 오가게 해서 의궤들이 흐름에 따라 움직이는 모양새를 취하자는 것이었다. 프랑스로서는 이것만으로도 기존의 맞교환 원칙을 벗어나 나름 크게 양보를 하는 셈이라고 했다.

　하지만 우리는 프랑스 측이 폭탄선언으로 받아들였던 그 입장을 완강하게 지켜나갔다. 그리고 좀 더 강력히 프랑스 측에게 정치적 결단을 내릴 것을 재촉했다. 어차피 모 아니면 도였다. 타협의 여지가 없었다. 우리는 맞교환이 아닌 외규장각 의궤 전체의 일괄적인 양도를 관철시키는 데 모든 노력을 집

중했다. 하지만 프랑스 정부가 문화계의 거센 반발을 무시하고 우리의 요구를 수용하는 것은 여전히 역부족인 모양이었다. 그 배후에는 상송 사무장이 있으리라 짐작되었다.

대통령 선거를 1년 반 정도밖에 남겨두지 않은 사르코지 대통령이 정치적 부담이 큰 결정을 내리기는 쉽지 않을 것이라는 분석도 있었다. 하지만 프랑스 측은 사르코지 대통령에게 문제 해결에 대한 강한 의지가 있다는 사실을 계속 우리 측에 전달해왔다. 우리 정부가 대여라는 큰 틀을 일단 수용한다면 좀 더 적극적으로 프랑스국립도서관을 압박할 용의가 있어 보였다.

우리는 또 우리대로 대여라는 방안을 놓고 연일 열띤 공방을 벌이고 있었다. 프랑스 측은 대여라는 형식은 프랑스 국내법을 피하기 위해 취하는 포장에 불과할 뿐, 일단 외규장각 의궤를 한국에 내주고 나면 다시 되돌려 받을 의사가 없음을 분명히 했다. 하지만 국내에서는 약탈 문화재를 돌려받는 데 대여 형식을 취하는 것 자체가 치욕스러운 일이며, 명분도 형식 못지않게 중요하다는 비판이 거셌다.

모든 것이 복잡하게 얽혀서 명쾌하게 정리된 것이 하나도 없었다. 서울에서 열릴 G20 정상회의 날짜는 하루하루 다가왔다. 하지만 프랑스 측의 결단은 여전히 나오지 않고 있었다. 한국과의 관계 개선이 중요하다는 입장과 문화재를 수호해야 한다는 두 입장이 팽팽하게 맞선 채 대립이 쉽게 해소되지 않는 듯했다. 초조하게 기다리는 수밖에 다른 도리가 없었다. '일각이 여삼추'라는 말은 바로 이럴 때 쓰는 것이라는 게 실감났다.

그러던 2010년 10월 말, 갑자기 후진타오 중국 주석이 프랑스를 방문한다는 발표가 났다. 서울 G20 정상회의에 앞서, 프랑스 측과 주요 국제경제 이슈와 통화通貨 관련 어젠다에 대해 사전 조율을 하러 오는 것이었다.

프랑스 외무부 아시아태평양국에 비상이 걸렸다. 물론 중국을 맡고 있는 동북아시아과 과장인 프레데릭은 후진타오 방문 준비로 연일 정신이 없었다. 당장 발등에 불이 떨어졌으니 외규장각 의궤 문제는 완전히 뒷전으로 밀릴 수밖에 없었다. 그때 서울에서 이 문제를 담당하고 있던 동료에게 답답한 심경을 담아 이메일을 보냈다. 제목은 '단풍은 물들고, 내 마음은 멍들고'였다.

그렇게 애타게 기다리며 며칠을 보낸 뒤 장-다비드 레비트 대통령실 외교수석보좌관이 박 대사에게 긴급 면담을 요청해왔다. 우리는 뭔가 돌파구가 마련될 거라는 기대로 들떴다. 저녁 6시에 갖기로 한 면담을 앞두고 대통령실 별관에 있는 외교수석의 집무실에서 기다리는 동안 내 입은 말라 타들어갈 지경이었다.

레비트 수석은 언제나처럼 따뜻하게 우리를 맞았다. 우리는 초조한 마음을 애써 숨기고 태연하게 안부 인사를 건넸다. 언제나 자상하고 예의 바르고 미소를 띤 온화한 얼굴을 하고 있는 레비트 수석은 베테랑 외교관 출신답게 항상 상대방을 편안하게 해주는 재주가 있었다. 옅은 줄무늬가 있는 짙은 회색 더블버튼 양복을 맵시 있게 입고, 양복과 잘 어울리는 붉은색 계열의 넥타이를 매고 있었는데, 늦은 시간임에도 흐트러진 곳 하나 없이 단정한 모습이었다. 레비트 수석이 무언가 난

처하다는 듯한 표정을 지으며 먼저 말을 꺼냈다.

"참 어려운 문제예요. 정말 힘든 사안입니다. 프랑스 정부에서 이 문제를 저만큼 잘 알고 있는 사람도 없을 겁니다. 미테랑 대통령이 한국에 가서 마담 상송과 야단법석을 벌인 끝에 의궤 한 권을 주고 온 바로 그때 제가 외무부 아시아태평양국 국장이지 않았습니까. 마담 상송이 금고 위에 주저앉아 눈물을 흘리며 '내가 살아 있는 한 여기서 절대 못 움직인다'라고 하던 그 모든 장면을 실제로 목격했지요."

그는 상송 사무장의 당시 모습을 흉내 내며 말했다.

"어디 목격만 했겠습니까. 경호원들이 끌어내기 전까지 사정사정하며 설득하느라 얼마나 애를 먹었는지. 그때 생각만 하면 지금도 가슴이 벌렁거립니다. 마담 상송은 자기가 깔고 앉아 있던 철제 금고만큼이나 요지부동인 사람이거든요."

우리는 아무 말 없이 듣고만 있었지만, 뭔가 상황이 심상치 않게 돌아가고 있다는 것을 직감할 수 있었다.

"마담 상송은 세월이 그렇게 흘렀는데도 조금도 변하지 않았어요. 정말 무시무시한 사람이에요. 그래서 말인데요, 한국 측이 저희 입장을 조금만 헤아려주면 안 될까요. 그러니까, 외규장각 의궤를 한국 측에 일방적으로 양도하는 것은 현실적으로 어려워 보입니다. 그러니 한국 측이 무언가 상징적으로라도, 아주 작은 것이라도 좋으니 한국 문화재를 외규장각 의궤와 교환하는 모양새를 갖추어달라는 것입니다."

가슴이 내려앉았다. 지금까지의 모든 노력이 수포로 돌아갈 판이었다. 어안이 벙벙해진 우리를 앞에 두고 레비트 수석은 계속 말을 이었다.

"그렇게라도 하지 않으면 프랑스가 문화재를 일방적으로 양도했다는 선례가 되어 다른 나라로부터 또 다른 반환 요청이 쇄도할 것은 불 보듯 뻔합니다. 우리 정부는 걷잡을 수 없는 후폭풍에 시달리게 될 거예요. 모두들 이 점을 우려합니다. 지금 중국 문화재가 프랑스에 얼마나 많이 들어와 있는지 아십니까? 지난번 이브 생 로랑이 타계한 뒤에 그가 소장했던 미술품들을 경매할 때도 중국 국보급 문화재*가 경매에 나와서 중국 정부가 경매 철회를 요청하고 한바탕 소동이 나지 않았습니까. 만약 중국이 본격적으로 문화재 반환 요구를 하는 날이면, 프랑스는 어마어마한 폭탄을 끌어안게 됩니다. 이런 고민을 한국 측이 이해해주셨으면 합니다."

우리의 희망은 처참하게 무너져 내리고 있었다.

"윤리적인 차원에서 인간 유골**을 돌려준 사례 이외에는 프랑스는 지금까지 단 한 번도 문화재를 그냥 양도한 적이 없습니다. 이 점은 여러분도 잘 알고 계시리라 믿습니다. 프랑스 정부로서도 문화계의 반발과 정치적 부담을 모두 무시하기는 어려운 상황입니다. 한국 측이 조금만 양보를 해주십시오."

말을 잇지 못하는 박 대사를 대신해 나는 매몰차게 말을 던졌다.

"수석님, 죄송합니다만 이건 한국 국민의 자존심에 관한

• 아편전쟁 당시 중국 원명원(圓明園)에서 약탈당한 청동상(십이지신상 중 쥐와 토끼) 두 점으로, 중국 정부의 반환 요청에도 불구하고 경매에 붙여져 결국 중국인 고미술품 수집가가 각각 1400만 유로(약 270억 원)를 주고 낙찰받았다.
•• 프랑스는 남아공 출신 여성 노예의 유골(사르키 바트만이라는 이 여성의 참혹한 운명은 영화로도 제작되었다)을 2002년에 본국에 반환했고, 뉴질랜드 마오리족 전사의 머리 미라를 2009년에 반환한 적이 있다. 하지만 프랑스 정부는 두 가지 사례 모두 '인간의 존엄성'이라는 인류 보편적 윤리에 따른 '예외'라고 주장했다.

일입니다. 외교수석께서는 이런 우리 상황을 누구보다 더 잘 아시지 않습니까. 장남을 구하기 위해 차남을 인질로 내줄 수는 없다는 단호한 의지를 아직도 이해하지 못하신다는 말씀입니까. 상징적인 것이든 하찮은 것이든 문화재 교환은 절대 안 됩니다. 약탈당한 문화재를 돌려받는 데 대가를 지불하는 것을 우리 국민들은 결코 용납하지 않습니다. 이 점은 재고의 여지가 없습니다."

나는 여과 없이 이야기했다. 대사가 실무자처럼 나서서 적나라하게 받아칠 수는 없기에, 악역은 내가 맡아야 한다고 생각했다. 레비트 외교수석은 내 말을 진지하게 다 듣고 난 뒤, 이렇게 말했다.

"마담 상송 같은 사람이 한국에도 한 분 계시는군요."

이 말을 어찌 해석해야 할지 난감했지만, 어쨌든 내가 한국의 '골수분자'로 낙인이 찍히긴 했어도 우리 입장이 분명하게 전달된 것만은 확실했다.

우리는 프랑스 측의 입장을 우리 정부에 전달하겠다고 말하고 나서 레비트 수석의 집무실을 나왔다. 레비트 수석은 우리를 직접 출구까지 배웅했다. 2층에 있는 집무실에서 나와 계단을 천천히 걸어 내려오면서 레비트 수석은 내게 프랑스에 온 지 얼마나 되었는지, 언제부터 이 일을 했는지, 프랑스 측 카운터파트는 누구인지 등을 물었다. 나의 대답을 듣더니 레비트 수석은 이렇게 말했다.

"사실 정부 입장에서는 마담 상송 때문에 골머리가 아프기는 하지만, 국가 차원에서 볼 때 그녀는 진정한 애국자가 분명해요. 문화계의 '잔 다르크' 정도 되지 않을까요? 마담 유께서도 마담 상송에 대해 잘 알고 있으리라 믿습니다.

　라플랑슈 과장이랑 같이 일을 하는군요. 나도 프레데릭을 잘 아는데, 정말 괜찮은 친구죠. 어쩐지 마담 유와 프레데릭은 마음이 잘 맞을 것 같은데요. 그리고 한 가지 꼭 아셔야 할 것이 있어요. 프랑스 정부도 한국 정부만큼이나 이번에 꼭 이 문제를 해결하고 싶어한다는 사실이에요. 이 점을 한국 측에 잘 전달해주셨으면 합니다."

　나는 속으로 '말로만 해결하고 싶다고 하면 뭐하나, 해결을 해야지' 하고 생각했지만, 프랑스 정부도 참 난감한 상황에 처한 것 같아 그저 안타까울 뿐이었다. 그러면서도 한편으로는 상송 사무장을 핑계 삼아 또 뭔가 계책을 꾸미는 것은 아닌지 불안하기도 했다.

　면담을 끝내고 돌아오는 차 안에서 박 대사와 나는 내내 침울했다. 여태 결단을 못 내리고 그렇게도 애간장이 타도록 기다리게 하더니 기껏 한다는 소리가 이거란 말인가. 참담했다.

　결국 우리 정부는 이 방안을 말도 안 되는 소리라며 일축해버렸다. 우리 측의 단호한 반응에 프랑스 정부는 곤경에 빠진 듯했다. 게다가 우리는 또 우리대로 내부적 갈등이 깊어지고 있었다. 분명히 반환을 명시해야 한다는 명분론과 일단 한국으로 가져다놓는 것이 먼저라는 실리론이 팽팽 맞섰다. 그 상황에서 누구도 정부의 노선을 앞장서서 정하지 못하고 있었다. 또다시 양국 입장이 평행선을 긋는 것이 아닐까 하는 불안감에 제대로 밤잠을 이루지 못하는 날이 계속되었다.

　어차피 모든 것이 막바지 단계에 와 있었다. 여기서 물러난다고 해결될 일이 아니었다. 지금 우리가 원하는 대로 마무

리할 수 없다면 매듭 짓지 않는 것도 방법일 수 있었다. 사실 끝까지 반환을 강하게 요구하면서 프랑스를 압박하자는 여론도 많지 않은가. 원하는 결론이 아닌데 상황에 밀려 합의한다면 의궤를 가져올 수 있는 미래의 기회도 아예 묻어버리는 꼴이 된다. 하지만 그렇게 몇십 년을 기다린들 과연 프랑스가 입장을 바꿔 우리가 원하는 대로 외규장각 의궤를 내줄까? 그럴 가능성은 거의 없어 보였다. 이제 결단만이 남아 있었다. 그 결단을 내릴 수 있는 사람은 양국 대통령뿐이었다.

주사위는 **던져졌다**

2010년 11월 11일, 서울 G20 정상회의를 기회로 개최하기로 한 한국-프랑스 정상회담 날짜가 하루 앞으로 다가왔다. 전날 오후 박 대사가 정상회담에 배석하기 위해 서울로 떠나고, 사르코지 대통령도 서울로 출발했지만 나는 외교통상부 본부와 연락을 주고받으며 마지막 조율을 계속했다. 일단 대여 형식으로 하되, 명시된 시한 없이 계속해서 기한 연장이 가능한 대가 없는 일괄 양도로 방향을 잡아보기로 했다. 프랑스는 문화계의 반발을 무릅쓰고 '등가등량의 교환' 원칙을 파기하는 모험을 단행하기로 했고, 우리는 잠정적으로 대여 형식을 받아들이기로 일단락을 지은 것이다.

 그런데 오후 늦게 서울 외교통상부 본부로부터 전화가 걸려 왔다. 서울은 이미 밤 12시가 넘은 시각이었다. 이번 정상회담에서 논의될 외규장각 의궤 반환 문제에 대한 우리 정부의 입장을 담은 전문을 보냈으니, 최대한 빨리 프랑스 측에 전달하라는 지시였다. 역시 형식이 문제였다. 나는 다급하게 프레데릭에게 전화를 걸었다.

 "우리 정부는 여전히 대여라는 형식에 대해 우려가 큰 것

같아. 아무래도 이대로는 타결이 어려워 보여."

나는 서울로부터 받은 메시지를 전하며 이렇게 말했다.

"알았어. 상부에 보고할게. 참 너희도 어지간하다. 대여는 포장일 뿐이고 사실상 반환이라는 점을 사르코지 대통령이 정상회담 때 분명히 이야기하겠다는데도 우리를 믿지 못한다는 거야?"

프레데릭이 짜증 섞인 목소리로 말했다.

"아니야, 우리 정부는 형식도 피상적인 문제가 아니라 본질적인 문제로 보는 것 같아. 국내 정서상 명분도 실리 못지않게 중요한 거니까. 어쨌든 나로서는 서울에서 지시받은 대로 할 수밖에 없으니, 그렇게 알고 추진해줘."

나는 전화를 끊고 편치 않은 마음으로 저녁을 먹으러 갔다. 공휴일인데 온종일 사무실에서 보내느라 아이들 얼굴도 못 본 것 같아 미안한 마음에 집 근처 한국 식당에서 아이들과 함께 저녁밥을 먹었다. 아이들은 신나게 쟁반짜장을 먹었다. 그때 핸드폰이 울렸다. 프레데릭이었다. 나는 식당 밖으로 나와 전화를 받았다.

"좀 전에 네가 전해준 한국 정부 입장을 상부에 보고했어. 프랑스 정부의 공식 입장이 방금 나왔는데, 미안하지만 분위기가 좋지 않아. 대통령실 쪽에서 너와 통화를 하고 싶어 해. 30분 정도 후면 너한테 전화가 갈 거야. 여러모로 유감이다, 정말."

프레데릭의 음성은 완전히 가라앉아 있어서 마치 자포자기한 것처럼 느껴졌다. 화를 가라앉히려 애쓰는 기색도 보였다. 나는 서운해하는 아이들을 집에 돌려보내고 부랴부랴 사무실로 돌아갔다. 그러자 조금 후에 베르트랑 로르톨라리 대통령실 아시아 담당 외교보좌관에게서 전화가 걸려왔다. 언제나처럼 차분한 목소리였다.

베르트랑 로르톨라리 보좌관은 늘 침착하고 예의 바른 전형적인 엘리트였다. 프레데릭과 가까운 친구 사이기도 했다. 두 사람 모두 프랑스 외무부 내 대표적인 중국통으로 앞날이 기대되는 유망주였다.

"마담 유, 휴일에 급하게 연락해서 미안합니다. 사르코지 대통령 전용기가 지금 서울로 가고 있는 중인데, 전용기로부터 공식 전갈이 떨어졌습니다. 최대한 빨리 한국 정부에 전달해주시면 감사하겠습니다."

'사르코지 대통령 전용기에서 온 메시지라고? 이거 무슨 영화 속 장면 같네.' 지금이 영화나 운운할 때가 아니라는 걸 알면서도 전용기에서 메시지를 보내는 사르코지 대통령을 생각하니 절로 웃음이 났다. 사르코지 대통령은 불같은 성격 탓에 좀처럼 가만히 있지 못하고 이리 뛰고 저리 뛰는 것으로 유명했기 때문이다.

이전까지 프랑스 대통령이 탔던 전용기는 에어버스˙의 A319였다. 크기가 작아 한 번 주유를 하고 갈 수 있는 최장 거리가 12,000킬로미터였기 때문에 먼 거리를 갈 경우 중간에 기착해야 했다. 이런 불편함을 못 견딘 사르코지 대통령은 한 번에 22,000킬로미터를 갈 수 있는 에어버스의 A330을 구입했다. 당시 프랑스 언론은 새로운 대통령 전용기를 미국의 대

• 독일, 영국, 프랑스가 합작한 항공기 제작회사. 본사는 프랑스 툴루즈에 있다. 독일과 영국에 부품 공장이 있으며, 프랑스에서 최종 조립하는 방식으로 운영되고 있다. 보잉과 더불어 세계 민항기 시장을 양분하고 있다.

통령 전용기 이름을 따서 '사르코지 에어포스원'이라고 부르면서 대서특필했다.

그 '사르코지 에어포스원'의 첫 목적지가 바로 서울이었다. 내가 방금 전 외교통상부 본부로부터 지시받아 프랑스 측에 전달한 메시지를 사르코지 대통령은 G20 정상회의 참석을 위해 첫 비행에 오른 전용기 안에서 보고받았다. 그리고 전용기에 동승하고 있던 레비트 외교수석에게 곧바로 이에 대한 프랑스의 입장을 전달하라는 지시를 내렸다. 파리 엘리제궁에 남아 있던 로르톨라리 보좌관에게 지시가 하달되었고, 로르톨라리 보좌관은 곧바로 내게 전화로 그 내용을 알려온 것이었다. '사르코지 에어포스원'의 최첨단 통신 장비가 제대로 가동된 것이다.

첫째, 둘째, 셋째……. 사르코지 대통령의 메시지는 매사 이렇게 나열하는 것을 좋아하는 여느 프랑스 사람의 말과 마찬가지로 요점 셋으로 구성되어 있었다. 이를 전하는 로르톨라리 보좌관의 음성은 평소처럼 차분하고 온화했지만, 그 뒤로 다급한 호흡이 느껴졌다.

메시지의 주요 내용은 외규장각 의궤를 사실상 반환하겠다는 프랑스 측의 제안을 두고 망설이는 우리 정부에 대한 일종의 유감 표명이었다. 나는 외교통상부 본부로 긴급 외교전문을 보내 사르코지 대통령의 메시지를 전달했다. 그러고는 본부의 담당자들과 전화를 주고받고 서울에 막 도착한 박 대사와 통화를 하느라 밤이 깊어가는 줄도 모르고 정신없이 일을 하고 있었다. 그런데 마찬가지로 사무실에서 야근 중이던 프레데릭에게서 전화가 왔다.

"어떻게 될 것 같아?"

착잡한 프레데릭의 목소리였다.

"글쎄, 이제는 우리 손을 떠난 일이니, 운명에 맡기는 수밖에……."

나는 힘없이 대답했다.

"결과와는 상관없이 너한테 꼭 해주고 싶은 말이 있는데 말이야, 넌 정말 최선을 다했어. 난 그걸 알아. 어쨌든 너는 멋진 파트너였어."

"고마워, 프레데릭. 그건 너도 마찬가지야. 무슨 일 있으면 바로 전화 줘, 알았지?"

나는 사무실에서 그날 밤을 꼬박 새웠다.

이제 주사위는 던져졌다. 모든 것이 우리 손을 떠나 있었다. 서울에서 양국 대통령이 직접 해결하는 것 이외에는 아무런 방법이 없었다. 프레데릭의 말대로 나는 최선을 다했다. 하지만 최선을 다했다고 과연 후회가 없을지는 자신이 없었다. '만약 일이 무산되면 어찌 될까. 힘들게 겨우겨우 끌어올린 바위가 다시 굴러떨어지면 모든 것이 한순간에 무너지는데.' 나로서는 도저히 감당할 수 없을 것 같았다. 지금까지의 모든 노력이 수포로 돌아갈지도 모르는 상황이었지만, 할 수 있는 것은 아무것도 없었다. 운명에 맡기는 것 외에는 달리 방법이 없었다.

오랜 **저주를 풀다**, 두 정상의 **결단**

2010년 11월 12일, 합의가 이루어졌다. 이명박 대통령과 사르코지 대통령은 외규장각 의궤 문제를 해결한다는 정치적 결단을 내렸다. 프랑스는 '5년 단위로 갱신되는 대여' 형식으로 외규장각 의궤 전부를 우리 측에 일괄 양도하기로 했다. 말 그대로 극적인 타결이었다.

　이번 합의는 그동안 외규장각 의궤 반환협상의 대전제가 되어왔던 '교류와 대여' 원칙에서 벗어나 획기적인 진전을 이룬 것이었다. 프랑스가 그동안 집요하게 주장해왔던 '등가등량의 교환'이라는 원칙을 포기하고, 대가 없이 일방적으로 외규장각 의궤 전부를 우리 측에 이관하기로 했기 때문이다.

　우리 측은 실리와 명분이라는 기로에서 일단 외규장각 의궤를 우리 땅에 가져다놓는 것이 먼저라는 판단을 내렸다. 결코 명분이 중요하지 않아서가 아니다. 해외에 유출된 수많은 우리 문화재 환수를 추진하는 데 있어 대여라는 형식이 좋지 않은 선례를 남길 우려가 크다는 지적을 등한시해서도 아니다. 프랑스 국내법이라는 넘지 못할 산이 닳아 없어질 때까지 무작정 기다릴 수는 없는 현실 속에서, 산을 우회하여 목적지에 도달하는 방법을 택한 것이다. 프랑스가 직접 나서서 돌아갈 길을 터주는 이번 기회를 놓치지 말아야 한다는 결단을 최고 정책 결정자가 내린 것이었다.

외규장각 의궤 문제 합의사항을 발표하는 사르코지 대통령.
거의 20년을 끈 협상에 일단락을 지은 합의였다.

프랑스의 결정 역시 최고 정책 결정자가 직접 결심해서 실행에 옮긴 것이었다. 끝까지 한국으로부터 대가를 받아내야 한다고 고집하는 프랑스국립도서관의 완강한 반대에도 불구하고, 두 나라를 괴롭혀온 이 신발 속의 가시를 빼내고 양국 관계에 새 국면을 열겠다는 의지로 밀어붙였다.

서울에서 합의가 이루어졌다는 사실을 내게 가장 먼저 알려준 사람은 바로 프레데릭이었다.

"축하해, 드디어 해냈어!"

프레데릭은 애써 태연한 목소리로 말했지만, 전화기 건너편에서 환하게 미소 짓는 그의 모습을 상상할 수 있었다.

"정말 마지막 순간까지 사람을 애먹이고 발을 동동 구르게 만들더니, 결국 해냈네. 고마워, 프레데릭."

나는 여전히 실감이 나지 않았다.

양국 정상 간 합의가 발표된 직후, 대다수 우리 국내 언론은 외규장각 의궤의 140여 년에 걸친 유랑에 마침표를 찍은 이번 합의를 긍정적으로 보도했다. 비록 공식 반환이 아닌 5년 단위로 갱신되는 대여의 형식을 빌리기는 했으나, 프랑스에 되돌려줄 필요가 없는 사실상의 영구 대여라는 점에서 한국은 실리를 얻고 프랑스는 명분을 살린 윈-윈 협상이라고 평가했다.

일부에서는 여전히 약탈 문화재를 반환이 아닌 대여 형식으로 돌려받는다는 것에 대해 비판적인 시각을 제기하고 있었다. 하지만 프랑스가 단지 외규장각 의궤를 돌려주기 위해 국내법을 개정할 리가 만무한 상황에서, 우리 군대가 프랑스국립도서관에 침입해서 다시 무력으로 빼앗지 않는 한 외규장각 의궤를 반환받는 것은 불가능했다.

"이제 양국 대통령이 합의한 대로 정부 간 공식 합의문을 만들어야지. 언제까지 팡파르만 울리고 있을 수는 없으니까."

"오케이, 조만간 합의문 초안을 가지고 만나자고, 그 전에 우리 둘 다 좀 머리를 식히자!"

나는 이렇게 말했지만, 사실 그럴 마음도 겨를도 없었다. 대통령 간 합의는 시작에 불과하기 때문이었다. 이후로도 해야 할 일이 많을 뿐더러 그 과정에서 어그러질 고비도 많았다. 게다가 일이 어그러질 경우 현재 의궤를 가지고 있는 프랑스보다는 받아야 하는 우리가 훨씬 아쉬운 입장이었다. 그러니 우리가 더 열심히, 더 잘, 더 꼼꼼하게, 더 신경을 많이 써서 합의 문안을 쥰비해야 했다. 외규장각 의궤가 정말 우리 땅으로 돌아오는 순간까지 조금도 고삐를 늦출 수 없었다.

5.

악마는 디테일에 숨어 있다

고지를 향해 **한걸음씩**

양국 대통령의 합의가 반환이 아닌 대여 형식을 빌린다는 것에 대해 국내에서 제기되었던 우려의 목소리는 11월 18일에 프랑스국립도서관 직원들이 탄원서를 발표하면서 완전히 사그라졌다. 프랑스국립도서관 학예연구사들이 주축이 되어 프랑스의 대표적인 좌파 일간지인 〈리베라시옹〉*에 양국 대통령 간 합의를 규탄하고 사르코지 대통령을 강력히 비난하는 탄원서를 발표한 것이었다. '이번 합의가 장기 대여로 포장한 실질적인 반환이며, 외규장각 의궤는 다시는 프랑스 땅에 돌아오지 못할 것'이라는 내용이었다.

프랑스국립도서관 직원들은 자국민의 눈을 속이고 국내법을 교묘하게 우회하여 사실상 외규장각 의궤를 반환하기로 결정한 '대통령의 무책임한 행동'에 울분을 터뜨렸다. 그와 동시에 대대적인 서명운동에 들어갔다.

살루아 감사원 최고위원도 〈리베라시옹〉과의 인터뷰를 통해 자신의 의견을 소상히 피력했다. 이 인터뷰 기사는 11월

• 대표적인 좌파 성향의 일간지. 〈르 몽드〉, 〈르 피가로〉와 함께 프랑스 3대 일간지로 꼽힌다.

21일자에 게재되었다. 살루아는 프랑스국립도서관 직원들의 외규장각 의궤 반환 반대 운동을 공개적으로 거들면서, 정치 지도자들이 '문화재 불가양 원칙'의 중요성을 좀 더 분명히 인식해야 하며, 문화재 관리 분야 종사자들이 혼신의 힘을 다해 관리하고 있는 보물급 문화재들이 외교적 뒷거래의 수단으로 이용되는 것을 반드시 막아야 한다고 역설하고 있었다. 오랜만에 등장한 살루아라는 이름을 보며 나는 생각했다. '그럼 그렇지, 역전의 용사들이 다시 뭉치고 있군.'

살루아의 공격적인 입장과 맥을 같이하는 프랑스 언론들은 '알제리도 식민 시대 때 탈취된 도서들의 반환을 계속 요청해왔다'면서, 이제 알제리 국민들에게 알제리가 한국과 같은 경제력을 지니지 못했기 때문에 도서를 돌려줄 수 없다고 설명해야 할 지경에 이르렀다'며 힘을 보탰다. 그리고 이번 외규장각 의궤 반환 결정이 한국의 급부상하는 경제력이 두려워 프랑스가 저자세로 돌아선 것이라고 비난했다.

살루아와 의기투합한 피에르 로젠베르 전 루브르박물관장은 르네상스 시대 이후부터 혁명기를 거쳐 지금까지 철저하게 고수해온 '문화재 불가양 원칙'을 사르코지 대통령이 제멋대로 위반하고 있다면서, 정치인으로서 자격 미달이라고 비판하고 나섰다.

사태는 심각하게 변화했다. 탄원서 서명자도 천 명에 육박했다. 문화계 인사들이 의기투합해 일제히 정부를 공격하고 나서면서, 프랑스 외무부는 몰매를 맞고 있었다. 정부가 국내법을 위반했다는 비판은 피하기 어려워 보였다. 한국과의 관계를 중시한 정부가 문화재를 내줬다는 여론이 지배적이었다.

결국 이런 상황을 프랑스 측이 견디지 못하고 대통령 합의의 실행을 포기할 수도 있는 상황이었다.

프랑스국립도서관의 반발로 미테랑 대통령이 무기력하게 손을 들어버렸던 1993년의 악몽이 재현되는 것 같아 초조한 마음으로 상황을 지켜보고 있었다. 그렇게 며칠을 보내고 있는데, 브뤼노 라신 프랑스국립도서관장이 박 대사에게 전화를 걸어왔다.

'이번 탄원서 사태 때문에 한국 측이 불안해하고 있음을 이해한다. 하지만 프랑스국립도서관은 양국 대통령 간에 합의된 외규장각 의궤 반환 약속을 지킬 것이며 이를 위해 앞으로 양국 정부 간에 진행할 구체적인 협의 과정에도 적극 협조할 것이다'라는 내용이었다.

라신 관장은 사르코지 대통령이 직접 임명한 만큼 대통령의 합의 사항에 반기를 들 수 없었다. 나는 그의 '약속을 지키겠다'는 말이 아마도 도서관 직원에 대한 설득 작업을 책임지겠다는 것이리라고 짐작했다.

라신 관장의 구두 약속에 힘입어 우리는 다시 전열을 정비하고 다음 단계를 준비했다. 무엇보다도 이렇게 발목 잡혀 있을 시간이 없었다. 일을 서둘러야 했다. 어차피 진행해야 하는 일이니 고비가 왔다고 해서 주저할 수도 없었다. 만에 하나 일이 수포로 돌아간다 해도 내가 지금 할 수 있고, 해야 하는 일을 찾아 더 열심히 하자고 마음을 다잡았다.

양국 대통령이 합의한 후에도 일은 줄어들지 않았다. 대통령 간 합의를 구체적으로 실행에 옮기기 위한 양국 정부 간 합의문의 초안을 만들어야 했다. 아무리 큰 틀이 정해진 상태라고는 해도, 공식적인 정부 간 합의 문서를 만드는 일이니 단어 하나하나는 물론이고 토씨 하나, 점 하나까지 집요하게 검토했다. 나와 프레데릭은 서로를 격려하며 합의문 작성에 집중했다.

2011년 2월 7일, 양국 협상대표가 프랑스 외무부 회의장에서 프랑스 주재 한국 특파원단이 모두 참석한 가운데 '외규장각 의궤 문제 양국 정상 간 합의 원칙 이행을 위한 정부 간 합의문'에 서명했다. 서명식에는 라신 프랑스국립도서관장, 로랭 주한 프랑스대사, 로르톨라리 대통령실 외교보좌관 그리고 프랑스 문화부와 총리실 인사들도 참석했다.

2011년 2월 한국-프랑스 정부 간 합의문 서명식.
(왼쪽부터 저자, 박흥신 대사, 폴 장-오르티즈 국장)

사실 우리 측은 라신 관장이 참석하리라고는 기대하지 않았다. 하지만 그의 참석이 앞으로 진행해야 할 마지막 단계, 그러니까 외규장각 의궤를 이관받아 소장할 기관인 한국 국립중앙박물관과 진행해야 할 구체적인 협의를 앞두고 프랑스국립도서관 측이 보내는 긍정적인 신호라고 생각하기로 했다.

이제 외규장각 의궤를 한국으로 보내기 위한 최종 교섭이 남아 있었다. 몇 달 동안 마라톤처럼 계속된 고된 업무로 정신이 혼미해질 지경이었지만, 조금도 여유를 부릴 수 없는 상황이었다.

정부 간 합의문 서명을 끝내자마자, 곧바로 양 기관 간에 체결할 약정 문안의 협의에 착수했다. 외규장각 의궤를 언제, 어떻게 한국으로 이관할지에 관한 기술적 세부 사항을 비롯하여, 이관된 도서를 어떤 식으로 관리하고 또 그 방식을 어떻게 상호 간에 조율할지 등에 관한 내용이었다. 약정의 공식적인 명칭은 '한국 국립중앙박물관과 프랑스국립도서관 간 외규장각 의궤 이관에 관한 협력 약정'이었지만, 실질적인 문안 교섭은 지금까지와 마찬가지로 나와 프레데릭이 맡았다. 결국 우리 두 사람은 세부 문안 협의를 위해 줄다리기를 계속할 수밖에 없었다.

힘들어하는 내게 서울에 있는 동료가 격려의 이메일을 보내왔다. "이제 고지가 보이잖아요, 힘내세요." 하지만 내 체력도 점점 바닥을 드러내고 있었다. 오로지 외규장각 의궤를 한국 땅으로 보내야 한다는 신념 하나로 하루하루를 버티고 있었다. 무거운 배낭을 진 채 한 걸음 한 걸음 산을 오르던 기억을 떠올리며 계속해서 나 자신을 추슬렀다.

우리는 **적이지만** 동지였다

프랑스 외무부 바로 앞에는 센 강에 놓인 37개의 다리 중 가장 화려하다는 알렉상드르 3세 다리*가 있다. 다리를 건너면 곧바로 웅장한 전시장 건물인 그랑 팔레가 있는데, 이 건물 한편에 새로 문을 연 식당이 있었다. 식당 이름이 재미있게도 그랑 팔레와 대비되는 미니 팔레였다. 큰 궁전 안에 작은 궁전이 있는 셈이었다.**

2011년 3월 11일, 나와 프레데릭은 이곳에서 점심을 같이 먹기로 했다. 프레데릭은 이 식당이 외무부 바로 맞은편에 있는데도 아직 가본 적이 없다고 했다.

"며칠 휴가라도 가지 그래."

내가 무척이나 지쳐 보였는지, 자리에 앉자마자 프레데릭이 건넨 첫마디였다.

"그러게. 그럴 수 있으면 얼마나 좋겠어. 그런데 내가 휴

• 1900년 파리 만국박람회 당시 지어진 다리로 1893년 체결된 프랑스-러시아 간 동맹을 기념하여 당시 러시아 황제 이름을 따서 이름을 붙였다. 파리의 건물이나 다리, 거리 이름에는 세계 각국의 유명 인물의 이름을 붙인 것이 많다.
•• '그랑 팔레'는 '거대한 궁전', '미니 팔레'는 '작은 궁전'이라는 뜻이다.

가를 가면 이 일은 누가 하고? 괜찮아, 견딜 만해. 나한텐 시트로엥 공원도 있잖니."

시트로엥 공원에서 매일같이 뜀박질을 한다는 걸 잘 알고 있던 프레데릭은 아무 말 없이 미소만 지었다. 점심을 먹으면서 우리는 양 기관 간 협력 약정 문안에 대해 차근차근 협의했다. 전투 같았던 그동안의 협상 과정에 비하면 제법 초연하고 침착하게 꼼꼼히 세부 사항을 짚어나갔다.

3월 초지만 여전히 날씨는 추웠다. 하지만 유난히 천장이 높은 창가 자리 위로 파리의 흔치 않은 겨울 햇살이 비쳤다. 식사는 하는 둥 마는 둥 하면서 막판 업무 점검을 마치고, 각자 자국의 입장을 다시 한 번 검토하기로 한 뒤 나와 프레데릭은 나란히 알렉상드르 3세 다리를 건넜다.

"힘내. 다 잘될 거야, 틀림없이."

"그래, 너도 건강 조심하고."

우리는 인사말을 주고받으며 케 도르세 정문 앞에서 헤어졌다. 프레데릭과 나는 분명 갑과 을의 관계였다. 하지만 우리는 한국과 프랑스, 두 나라가 거의 20년 동안 골머리를 앓아온 이 협상의 실무자로서 외규장각 의궤 문제를 해결하려 함께 노력해왔다. 이제는 양국 정상의 결단으로 이루어진 합의를 기초로, 외규장각 의궤의 이관을 실제로 성사시키는 것이 우리 둘에게 주어진 임무였다.

대통령 합의, 정부 협상대표 합의를 거친 지금, 이제 마지막으로 소장 기관 합의가 남아 있었다. 우리는 먼 길을 함께 걸어왔다. 힘들고 고달프고 짜증나는 길이었다. 싸우기도 하고 서운해하기도 하고 때로는 서로를 얄미워하기도 했지만,

프레데릭과 나는 같은 곳을 바라보며 함께 길을 걷는 동지가 분명했다. 우리는 서로의 어려움을 공감하고 또 이해하고 있었다. 그렇기 때문에 서로를 애틋해할 수밖에 없었다. 카운터파트와 이런 관계를 맺을 수 있었던 것은 축복이자 행운이었다. 나는 이 점이 늘 감사했다.

끝나지 않은 협상

그날 저녁, 일본 동북 지방에서 대지진이 일어났다. 한국, 중국, 일본까지 동북아시아 3개국을 모두 담당하고 있는 프레데릭은 그 순간부터 연락이 두절되었다. 약정 체결을 위한 공식 협상 날짜까지 잡아놓고 막바지 입장 조율을 해야 하는 매우 중요한 순간에 세부 사항 협의가 모두 멈춰버렸다. 나는 그야말로 애간장이 탔다. 며칠 만에 겨우 전화 연락이 닿은 프레데릭의 목소리에는 약간 짜증이 섞여 있었다.

"약정. 그래, 체결해야지. 한다고. 하지만 사람이 죽어가는 상황은 아니잖아."

나는 끓는 속을 억눌렀다. '야, 내가 죽어간다, 내가······.'

한국에서 김영나 국립중앙박물관장을 비롯한 대표단이 파리에 와서 협상을 하기로 한 3월 16일, 녹초가 된 프레데릭을 며칠 만에야 비로소 다시 만났다. 우리는 서로 눈인사만 주고받았을 뿐 아무 말도 하지 않았다. 그리고 각자 자기 진영으로 들어가 회의 탁자를 사이에 두고 마주 앉았다.

드디어 프랑스국립도서관을 상대로 마지막 협상을 벌여야 하는 순간이 온 것이다. 오늘 협상이 결렬되면 지금까지의 모든 노력이 수포로 돌아가고 만다. 실제로 외규장각 의궤를 소장하고 있는 프랑스국립도서관이 이관에 협조하지 않으면 아무리 대통령 간에 합의가 이루어졌다고 해도 외규장각 의궤를 우리나라로 가져올 도리가 없기 때문이다. 더구나 이번 협상 상대는 레비트 외교수석이 '무시무시하다'고 표현했던 마담 상송이 아닌가.

프레데릭은 지난번에 미니 팔레에서 점심을 같이하면서, 내게 프랑스국립도서관이 결코 녹록하게 협상을 진행하지는 않을 것이니 단단히 각오를 하고 임하는 것이 좋겠다고 귀뜸해주었다.

"악마는 디테일에 숨어 있다잖아."

외교 협상에서는 큰 틀에 대해서는 다 합의하고서, 합의를 이행하기 위한 세부 사항 논의에서 조정하기 힘든 갈등이 생기곤 한다. 그러다 결국 실제 이행에 이르지 못하는 경우가 종종 있는데, 이 말은 그럴 때 사용하는 프랑스 속담이다. 이번 일도 그렇게 될 소지가 충분했다.

프레데릭은 프랑스국립도서관 내부에서 워낙 항의의 목소리가 높아, 프랑스 측이 이번 협상에 다소 거친 태도로 임하거나 비협조적으로 나올 가능성이 크다고 말해주었다.

"그래, 맞아. 악마는 디테일에 숨어 있어. 그렇지만 너, 내가 디테일에 강하다는 거 알지?"

기선을 제압당하지 않으려고, 아니 초조하고 긴장된 속내를 들키지 않으려고 나는 헛기침을 하고 있었다.

양측 협상 대표단은 양국 외교부 대표 자격으로 참석한 나와 프레데릭을 제외하고는 모두 한국 국립중앙박물관과 프랑스국립도서관 인사들이 주축이었다. 양측 모두 치밀하게 그리고 차분하게 교섭을 진행했다.

협상은 온통 세부 사항에 관한 것이었다. 의궤를 한국으로 이관하는 구체적인 날짜부터 의견이 충돌했다. 프랑스 측은 이관하는 과정에서 있을 수도 있는 위험에 대비해 의궤를 여섯 일곱 번에 걸쳐 나누어 옮기자고 제안했지만, 우리는 반대했다. 효율, 비용, 기술, 행정에 이르기까지 모든 면에서 한 번에 옮기는 편이 낫다고 판단했기 때문이다. 양측 의견이 팽팽히 맞섰지만, 결국 서로 조금씩 양보해 네 번으로 나누어 이관하기로 합의했다.

우리 측은 외규장각 의궤를 모두 한국으로 가져오는 대신 한국에 이미 와 있는 한 권을 포함한 297권을 모두 디지털화해서 그 파일을 프랑스와 공유하기로 했다. 프랑스 도서전문가들이 편하게 의궤를 연구할 수 있도록 배려한 것이었다.

이관 날짜부터 시작해서 포장 방법, 포장 재질, 예술품 전문 운송 업체 추천과 선정, 보관 방식, 양국 학예연구사들 간 교류, 디지털화 작업 완료 후 파일 공유 문제, 우리는 온통 이런 디테일에 둘러싸여 있었다. 어디서 악마가 튀어나올지 몰라 한시도 긴장을 풀 수 없었다. 그래도 당초 생각했던 것보다는 서로의 입장을 이해하고 존중하는 분위기에서 협상이 진행되었다.

나는 우리 측 대표인 국립중앙박물관장이 협상 시작 즈음에 할 인사말을 미리 준비해놓았다. 김영나 관장은 프랑스 측 대표단을 마주한 자리에서 흔쾌히 내가 쓴 인사말을 읽어주었다.

" (……) 오늘 본격적인 회의 시작에 앞서, 저는 무엇보다도 대한민국 국민의 이름으로, 라신 프랑스국립도서관장님 그리고 상송 사무장님을 비롯한 모든 프랑스 관계자 여러분들께 진심으로 감사의 마음을 전하고자 합니다.

문화재를 보호하고 관리하는 같은 책임과 직업의식을 지닌 전문가의 한 사람으로서, 금번에 프랑스국립도서관 측이 한국과 프랑스 양국 대통령의 결정을 존중하여 그동안 프랑스국립도서관에 소장되어왔던 외규장각 의궤들을 한국에 돌려주기로 한 결정이 얼마나 힘든 것이었는지 충분히 이해합니다.

바로 그러한 이유에서 저는 오늘 여러분께 각별한 사의를 전하고자 합니다. 여러분이 내리신 어려운 결단에 대해 한국 국민들은 영원한 사의로 보답할 것입니다. (……)

저는 외규장각 의궤의 프랑스 내 유입에 대한 역사적 배경과는 무관하게 여러분께서 그동안 외규장각 의궤를 소중히 관리하고 보관하신 정성을 잘 알고 있습니다. 제가 이 자리에서 여러분께 꼭 약속드릴 수 있는 것은 우리 한국 국립중앙박물관이 그러한 여러분의 열정과 정성을 결코 잊지 않을 것이라는 사실입니다.

저희는 여러분의 정성에 못지않은 애정과 철저한 관리로 외규장각 의궤를 잘 보관할 것입니다. (……)"

순간, 나를 물끄러미 바라보고 있던 프레데릭과 눈이 마주쳤다. 프레데릭은 인사말을 준비한 사람이 나임을 눈치챈 것이 분명했다.

사실 인사말은 그동안 협상을 계속 맡아 진행하면서 쭉 생각해왔고, 외규장각 의궤가 한국으로 돌아가기 위한 과정의 마지막 단계에 온 지금 프랑스 측에 꼭 하고 싶었던 말이었다. 투철한 직업의식과 집념으로 똘똘 뭉친 상송 사무장에게 내 나름의 각별한 마음을 이렇게나마 표현하고 싶었다. 지금까지 줄곧 팽팽하게 맞서면서 서로를 적대할 수밖에 없었던 탓에 말을 나긋나긋하게 건네기는커녕 그럴 생각조차도 가져본 적이 없었던 게 사실이었다.

　물론 본격적인 협상에 앞서, 철갑을 씌운 것처럼 굳어 있을 그녀의 마음을 조금이나마 누그러뜨려 보고자 하는 전략적 계산이 없진 않았다. 하지만 이런 몇 마디 말로 마음이 누그러질 상대라고는 생각하지 않았다. 그보다는 '협상 서두 인사말'이라는 내게 주어진 공식적인 수단을 이용해 평소 적장에게 품고 있던 나의 진심을 전달하고 싶었다. 진심이란 누구나 드러내기 힘든 것이다. 밀고 당기는 협상을 해야 하는 외교관인 나는 더욱 그렇다. 그럼에도 불구하고 어떤 형태로든 나의 진심을 한 번은 전하고 싶었다. 진심을 전하지 못해 두고두고 후회하는 것보다는 나으리란 생각에 용기를 냈던 것이다.

　나는 결코 상송 사무장을 이해하거나 존경하는 감정의 사치를 부릴 수 없는 위치에 있었다. 하지만 오랜 기간 이 일을 해오면서 이런 철두철미한 사람이야말로 결국 그 나라의 힘이고, 그 나라를 지탱하는 자존심이라는 생각을 가지게 되었고, 지금도 그 생각에는 변함이 없다.

마담 **상송의** 눈물

2011년 3월 17일, 우리는 '한국 국립중앙박물관과 프랑스국립도서관 간 외규장각 의궤 한국 이관에 관한 약정' 서명식을 가졌다. 양측 기관장이 약정서에 서명하는 동안, 나와 프레데릭은 서명식장 한쪽 창가에 나란히 서 있었다. 3월 치곤 제법 따스한 햇볕이 등 뒤로 내리쬐고 있었다. 말은 한마디도 오가지 않았지만, 서로 같은 생각을 하고 있다는 사실을 우리는 알고 있었다. 우리는 마지막 협상을 무사히 끝낸 서로를 대견해하고 있었다.

　서명식이 모두 끝나고 다 함께 기념 촬영을 했지만, 상송 사무장은 끝끝내 사진 찍기를 사양했다. 그녀는 1993년 대통령의 명령으로 마지못해 온 한국에서 의궤 한 권을 빼앗긴 분노를 이기지 못해 사표를 던지고, 프랑스국립도서관 총파업을 주동했던 장본인이었다. 그렇게 철저하게 직업의식을 고수한 사람이 그로부터 18년이 지난 오늘 외규장각 의궤를 자기 손으로 한국에 내줘야 하는 처지가 되었으니, 기념 사진에 자신의 얼굴을 남기는 고통을 참기 힘드리라 짐작이 갔다.

　상송 사무장은 애써 태연한 표정을 하고 있었지만, 원망과 아쉬움과 허탈함이 뒤엉킨 눈빛은 숨길 수 없었다. 하지만 그 속에서 그녀의 철학과 책임감을 지탱하는 견고한 힘도 느낄 수 있었다. 그 힘은 무엇보다도 그녀가 지금 이 순간에도 지키고 있는 소신에서 나오기 때문일 것이다.

사진 촬영이 끝난 뒤 상송 사무장은 우리 대표단을 아래층에 있는 열람실로 안내했다. 열람실에서는 일반에게 폐쇄된 상태로 외규장각 의궤를 디지털화하는 작업이 한창 진행 중이었다. 작업은 거의 끝나가고 있었다. 프랑스국립도서관 측은 의궤 몇 권을 한쪽 탁자 위에 꺼내서 우리 대표단이 직접 볼 수 있도록 준비해두었다. 한쪽 구석에 선 상송 사무장은 우리가 의궤를 조심스럽게 들춰보는 광경을 굳은 표정으로 바라보고 있었다.

바로 그때, 그녀의 표정이 약간 흐트러지는 듯하더니 눈에 눈물이 고였다. 정말이지 놀랍기 그지없는 순간이었다. 국립도서관 총책임자로서 귀중한 문화재를 끝내 지켜내지 못한 슬픔 때문이었을까? 그렇게도 외곬로 살아온 자신에 대한 회한 때문이었을까? 아니면 이 의궤들이 정말로 떠난다는 사실을 새삼 실감해서였을까?

나만 그 눈물을 본 건 아닌 모양이었다. 우리 대표단 일행은 약간 당황했다. 티 나지 않게 서로 팔꿈치를 살짝 치면서 그만 보자는 사인을 주고받았다. 우리 중 누구도 그러거나 말거나 하는 생각을 품지 않았다. 그것이 같은 직업의식을 가지고 같은 길을 걷고 있는 문화재 관리자들의 서로에 대한 존중이고 배려라는 생각이 들었다. 굳이 말로 표현하지 않아도 문화나 전통이 달라도 갑과 을의 관계에 서 있더라도 통하는 마음. 이것이야말로 프로들이 공유하는 만국 공통의 언어이고 윤리가 아니겠는가.

　상기된 분위기 속에서 우리 대표단은 프랑스국립도서관을 나섰다. 상송 사무장은 정문 앞에 서서 우리가 탄 차가 보이지 않을 때까지 배웅했다. 처음부터 끝까지 한순간도 흐트러지지 않은 꼿꼿한 자세 그대로.

　그날부터 상송 사무장은 예술품 운송업체가 외규장각 의궤를 한 권씩 포장하는 작업을 직접 총괄했다. 5월 말까지 외규장각 의궤를 모두 한국으로 이관한다는 약속을 지켜야 했기 때문이다. 사실 우리 대표단은 의궤를 포장하여 나무상자에 담아 비행기에 싣는 과정에 옵저버로라도 참여하기를 희망했었다. 하지만 상송 사무장은 우리의 요구를 결코 수용하지 않았다. 그녀의 반대 논리는 이러했다.

　"우리 도서관의 학예연구사들은 책을 지키고 관리하는 업무를 목숨처럼 소중하게 여기면서 살아왔습니다. 나는 나와 같은 직업의식을 공유하며 평생 같은 길을 걸어온 동료들에게 다른 나라에 책을 내주는 일을 시키는 것도 모자라, 비통해하는 모습까지 여러분에게 보여주라는 비인간적인 지시는 절대로 내릴 수 없습니다."

　국립중앙박물관 대표단이 귀국하고 나서, 외규장각 의궤가 첫 귀국길에 오를 때까지 나는 상송 사무장과 숱하게 이메일을 주고받았다. 그녀는 항상 최고로 공손한 표현을 사용하여 이메일을 보냈고, 나도 최대한 예의를 갖추어 답장을 썼다. 하지만 직접 전화 통화는 하지 않았다. 전화로 확인할 일이 있으면 프레데릭을 통해서 했다. 한번은 프레데릭이 내게 이렇게 부탁했다.

"마담 상송의 자존심을 지켜줬으면 좋겠어. 충격도 충격이지만 마담 상송은 무엇보다 외규장각 의궤를 떠나보내야 한다는 사실을 진심으로 슬퍼하고 있어."

프레데릭의 각별한 마음이 느껴졌다.

"나는 마담 상송을 진심으로 존경하게 되었어. 너한테만 하는 말이지만, 우리가 이렇게 힘들게 일을 진행할 수밖에 없었던 결정적인 원인은 사실 마담 상송에게 있잖아. 그녀의 철통같은 사명감과 고지식하기 짝이 없는 직업의식 때문에 어렵게 협상할 수밖에 없었지만 말이야, 바로 그게 없었다면 프랑스는 지금의 위상을 절대로 가질 수 없었을 거라고 생각해."

프레데릭은 이렇게 자기 속내를 털어놓았다. 그리고 주저하면서 말을 계속했다.

"외규장각 의궤를 한국에 내주기로 한 뒤로 마담 상송은 프랑스 외무부하고는 완전히 등을 돌렸어. 아무하고도 말을 하지 않아. 마담 상송이 이번 일을 주도적으로 이끈 장-오르티즈 국장한테 뭐라고 했는지 알아? '한국의 경제력이 무서워서 외규장각 의궤 반환을 밀어붙인 몰상식한 공무원'이라고 했어. 어떤 분위기인지 상상이 가지? 지금 우리 외무부에서 마담 상송이 그나마 연락을 하는 유일한 사람이 바로 나야."

나는 프레데릭이 부탁한 대로 상송 사무장을 최대한 존중하는 태도를 계속 유지했다. 프레데릭의 부탁도 부탁이거니와 나 역시 그녀의 상실감을 이해할 수 있을 것 같았기 때문이다. 이번 일로 자신의 삶에 치명적인 오점을 남기고, 깊은 상처를 받았다는 점도 공감할 수 있었다. 상송 사무장의 철저한 신

넘은 다른 나라로부터 약탈한 문화재를 돌려주지 않는다는 단순한 이유로 비난할 수만은 없는, 분명 본받을 만한 것이었다.

    상송 사무장은 1993년 이후로 단 한 번도 우리나라를 방문하지 않았다. 프랑스국립도서관은 국립중앙도서관과의 교류 행사나 서울에서 열린 국제도서전 같은 행사에 적극 참가했지만, 그녀는 한국 땅에 발을 디디지 않았다. 아마도 영원히 그럴지도 모른다.

6.

1866년, 1975년

그리고 2011년

한 명의 **위인**

외규장각 의궤가 고국으로 돌아오는 기나긴 여정이 시작되는 데는 한 명의 위인(偉人)이 결정적인 역할을 했다. 강화도에서 불타 없어진 줄만 알았던 외규장각 의궤를 찾아낸 박병선 박사가 바로 그분이다.

    박병선 박사는 프랑스국립도서관에서 임시직 사서로 일하던 중, 조선 말기 주한 프랑스공사관의 통역관으로 활동했던 모리스 쿠랑의 저서 《한국서지 Bibliographie Coréenne》[•]에서 병인양요 때 프랑스 함대가 외규장각에서 탈취한 의궤가 프랑스국립도서관에 기증되었다는 구절을 발견하고는 무작정 의궤를 찾아 나섰다고 한다. 아무리 프랑스국립도서관을 뒤지고 또 뒤져도 의궤를 발견하지 못해 낙심하던 터에, 프랑스 동료 한 사람이 베르사유 별관 창고에 한자가 쓰인 고서가 잔뜩 쌓여 있다고 일러준 말을 듣고 창고를 뒤졌고, 마침내 큰 궤짝 속에 들어 있는 외규장각 의궤를 발견했다고 한다.^{••} 박병선

• 이 책에는 주한 공사 콜랭 드 플랑시Collin de Plancy가 소장한 개인 도서 목록이 포함되어 있는데, 여기에 《직지》를 구입한 기록도 나온다.
•• 프랑스국립도서관 측은 당시 손상된 의궤 표지를 다시 장정하고 수선하기 위해 궤짝 속에 넣어두었다고 해명했다.

박사가 외규장각 의궤를 처음 발견했을 당시, 프랑스국립도서관은 이 물건들의 출처를 모른 채 중국 도서로 분류해놓고 있었다.

당시 상황을 박 박사에게서 직접 들은 적이 있다. 마침내 외규장각 의궤를 찾아내 처음으로 의궤 한 권을 펼쳐보았을 때의 감흥을 박 박사는 이렇게 설명했다.

외규장각 의궤를 발견한 박병선 박사.
의궤처럼 오랜 세월 타향에서 지내셨다.

"창고에 큰 궤짝들이 여기저기 있더라구. 그 속에 외규장각 의궤가 들어 있었던 거야. 가슴이 두근거렸지. 그리고 맨 위에 있던 의궤 한 권을 들어서 펼쳐보았는데 말이야. 글쎄, 책에서 묵향墨香이 나는 거야. 책이 쓰인 지 200년은 족히 될 텐데, 종이에 배어 있는 묵향이 은은히 밀려드는 기었어. 강화도에서 프랑스 땅까지 온 뒤로 누가 뭐 그렇게 이 책을 많이 열어보았겠어? 그러니 묵향이 그대로 남아 있었던 것 같아. 그때의 내 기분은 정말이지 말로는 도저히 표현할 수가 없어."

나는 박병선 박사의 말씀을 들으며 온몸에 소름이 돋는 듯했다. 프랑스국립도서관 구관 서고에서 의궤를 처음 보았을 때 느꼈던 그 감동이 되살아나는 듯했다.

외규장각 의궤를 발견한 박 박사는 프랑스 측에 반환을 요청하라고 한국 정부에 권유했지만 당시 우리 정부는 이를 받아들이지 않았다고 한다. 먹고살기도 힘들었던 1970년대의 우리나라 정부는 프랑스에 맞서 반환을 요청할 만한 외교력이 없다고 판단했는지도 모른다. 박병선 박사는 1967년 동백림 사건* 이후 프랑스로 귀화해 프랑스 국적을 가지고 있었다. 프랑스국립도서관 측은 박 박사가 프랑스인이면서도 한국 정부 측에 프랑스 문화재를 반환받으라고 종용했다며 사서직에서 해고했다. 그리고 약 20년이 지난 1991년에야 우리 정부는 박병선 박사가 작성한 도서 목록을 토대로 외규장각 의궤 반환 협상을 시작했다.

2006년은 한국과 프랑스가 수교한 지 120주년이 되는 해였다. 이를 기념하는 다양한 행사들이 기획되었고, 그중에는 박병선 박사의 연구서 발간도 포함되어 있었다. 항상 소박했던 박병선 박사는 우리 대사관 안에 마련된 작은 사무실에서 연구를 진행했다. 박병선 박사는 자그마한 체구에도 불구하고 소문난 애연가이도 했는데, 여름이나 겨울이나 늘 창문을 활짝 열어놓고 창가에서 담배를 피우며 한숨을 돌리곤 했다.

• 1967년 당시 중앙정보부가 독일과 프랑스에 체재 중이던 유학생과 교민 194명이 대남적화 활동을 했다고 주장했던 간첩단 사건이다. 이후 확대·과장되었다는 사실이 밝혀졌다.

직장암 선고를 받아 수술을 하고 난 2010년에도 박병선 박사는 대사관 사무실에 나와 파리임시정부 관련 사료를 정리하고 있었다. 이미 팔순을 넘긴 연세였다. 대사관 밖에서 박 박사를 마지막으로 만난 건 2011년 3월 말이었다. 우리는 파리 시내에 있는 한 한국 식당에서 식사를 같이했다. 박 박사는 굴비정식을 주문했다.

"굴비가 짭조름한 게 참 맛있네. 씹기는 좀 힘들어도 나는 이렇게 짭짤하고 약간 질깃한 반찬이 좋더라고. 씹기 힘들면 입에 넣고 우물우물하면 녹녹해지거든."

투병 중이었지만 여전히 그분의 눈은 열정으로 빛나고 있었다.

"빨리 사료 정리를 마쳐야 하는데……. 낭트에 프랑스 외교사료관이 있잖아. 거기에도 꼭 직접 찾아봐야 할 자료들이 있어. 맘이 급해서 그런지 몸이 더 말을 안 듣는 것 같아 속상하네."

박사님께 건강부터 챙기셔야 한다며 쉬엄쉬엄하시라고 했지만, 박사님은 이렇게 말했다.

"젊은 사람들은 몰라요. 내가 지금 얼마나 급한지, 얼마나 시간에 쫓기는지……. 해야겠다고 생각하는 일, 해야 하는 일이 한 보따리인데 이걸 다 어떡해야 할지 마음만 앞서고, 급해 죽겠는데 마음과 몸이 따로따로이니 답답해 미치겠어."

그로부터 7개월 뒤인 2011년 11월, 박병선 박사는 파리의 한 병원에서 별세하셨다. 외규장각 의궤가 고국의 품에 안기고 불과 몇 달 후의 일이었다. 박병선 박사의 타계 소식을 접하고 온몸에서 힘이 쫙 빠져버리는 듯했다. '그렇게도 하고 싶은 일, 해야 할 일이 많다고 하시더니 미련을 두고 어떻게 이 세상을 하직하셨을까' 하는 생각에 가슴이 아파왔다. 그나마 위안으로 삼은 것은 별세하시기 전에 외규장각 의궤의 귀환을 직접 보실 수 있었다는 것이었다. 박병선 박사의 유해는 고인의 뜻대로 고국으로 돌아와 서울 국립현충원에 안장되었다.

두 명의 **은인**

외규장각 의궤가 돌아오는 데 프랑스 내에서 반대의 목소리만 있던 것은 아니었다. 약탈한 문화재는 돌려줘야 한다고 주장하며 우리를 도운 이들이 없었다면 반환협상은 훨씬 힘들었을 것이다. 20년 동안 이어진 길고 지루한 협상에 획기적인 전환점을 마련하는 데는 특히 프랑스인 은인恩人 두 명이 큰 역할을 했다. 자크 랑 전 프랑스 문화부 장관과 뱅상 베르제 파리 제7대학교 총장이 그들이다. 공교롭게도 두 사람 모두 곱슬머리다.

    자크 랑 전 문화부 장관은 프랑스에서 가장 사랑받는 정치인 1순위에 꼽힐 정도로 유명세가 높다. 70을 넘긴 나이에도 매일 수영을 하고, 기름기 있는 음식은 절대 손대지 않으며, 몸매 관리에도 신경을 많이 쓴다. 일본 디자이너 이세이 미야케가 자신을 위해 직접 디자인해준 코트를 입고, 샤넬 퀼팅백을 들고 다니는 멋쟁이 정치인이다.

    랑 전 장관은 재임 시절 루브르박물관을 재정비하고 정원 한가운데에 유리 피라미드를 세우는 획기적인 발상을 추진하고, 매년 6월 열리는 음악 축제를 비롯해 다양한 문화·예술 진흥 방안을 추진했다. 루브르에 유리 피라미드를 짓는 계획이 발표되었을 때, 보수 반대파들은 '교황의 아들이 저지르는 극악무도한 행위'라고 강하게 비난했다. 여기서 '교황'은 곧 미테랑 대통령을 말한다. 그 정도로 미테랑 대통령의 '정치적 아들'로 유명한 인물이다. 랑 전 장관은 1981년부터 두 번에 걸쳐 10여 년간 문화부 장관직을 맡았는데, 미테랑 대통령이 '앙드레 말로●의 장관 재임 기록을 깨보라'면서 장관 임무를 계속 맡겼다는 일화도 있다.

외규장각 의궤가 단순한 문화재가 아니라 한국의 얼이고 정신이며, 우리 국민의 자존심을 대변한다고 강조한 우리의 논리에 랑 전 장관은 전적으로 공감했다. 2004년 노무현 대통령이 프랑스를 방문해서 프랑스 하원의원들을 접견했을 당시에도 랑 전 장관은 외규장각 의궤는 반드시 반환되어야 한다고 역설했다. 당시 대통령의 통역이었던 나는 그 순간을 똑똑히 기억하고 있다.

우파인 사르코지 대통령이 집권하면서 정치 일선에서 물러나는가 싶었던 랑 전 장관이 다시 정치 무대 전면에 선 것은 2009년이었다. 랑 전 장관은 사르코지 대통령으로부터 대북정책 특사라는 특별한 임무를 부여받았다. 랑 전 장관은 대통령 특사 자격으로 우리나라를 방문해 대통령을 비롯한 주요 인사들과 면담을 가졌는데, 그 과정에서 자연스럽게 우리 측과 자주 접촉하게 되었다. 박흥신 대사는 이러한 상황을 적극 활용했다.

랑 전 장관은 외규장각 의궤를 한국에 돌려주어야 한다고

● 드골 대통령이 가장 신임했던 인물로 유명하며, 1958년부터 1969년까지 12년간 문화부 장관을 지내면서 프랑스가 세계 최고의 문화 강국으로 자리매김하는 데 결정적인 역할을 했다. 《인간의 조건》, 《왕도》 등을 쓴 소설가이기도 하다.

사르코지 대통령을 직접 설득하는 역할을 해주었다. 사르코지 대통령이 자신의 설득에 공감했으며 적절한 해결 방안을 마련하라고 직접 프랑스 외무부에 지시를 내렸다는 이야기도 우리에게 전해주었다. 프랑스 정부가 프랑스국립도서관의 반대에 부딪혀 외규장각 의궤를 아무 대가 없이는 주지 못하겠다며 고심할 때 사르코지 대통령의 결단을 이끌어낸 사람도 바로 랑 전 장관이었다.

랑 전 장관은 개인적으로도 외규장각 의궤 문제에 깊은 관심을 가지고 있었다. 자신의 정신적인 지주이자 자타가 공인하는 정치적 대부로 평생을 존경해온 미테랑 대통령이 한국에서는 'TGV를 팔아먹기 위해 외규장각 의궤를 돌려주겠다고 약속하고는 입을 싹 씻어버린 배신자'로 낙인찍혀 있다는 사실을 도저히 견딜 수 없다고 말했다.•

2010년 11월 12일 서울에서 양국 대통령 간 합의가 이루어진 직후 랑 전 장관은 우리 대사관에서 한국 특파원들과의 기자회견을 자청해 이번 합의의 의의와 자신의 소신을 직접 밝혔다. 그는 우리가 우려하는 대여란 형식은 그저 포장에 불과하니 절대 염려하지 말라고 하면서, 한국 측이 용기 있는 선택을 한 점을 높이 평가했다. 아울러 프랑스국립도서관 학예연구사들이 탄원서를 발표하고 서명운동을 벌였을 때, 〈르 몽드〉••에 외규장각 의궤가 왜 반환되어야 하는지를 소신 있게 피력하는 기고문을 내기도 했다.

• 랑 전 장관은 1993년 당시 미테랑 대통령은 실권을 상실한 상황이었고, 이후 대통령직에서 물러날 때까지 전립선암으로 몹시 쇠약해서 외규장각 의궤 반환을 계속 강하게 추진할 수 없었다고 말한 적이 있다.
•• 프랑스를 대표하는 일간지로 중도좌파 성향이다. 1944년 창간되었다.

이 기고문을 준비하면서, 자크 랑 전 장관은 내게 외규장각 의궤에 관한 기본적인 역사적·학술적 사실과 의궤가 지니고 있는 특별한 가치 그리고 한국 국민의 각별한 애착 등에 대해 소상히 적어달라고 요청했다. 나는 프랑스 인사들을 만날 때마다 누누이 강조해왔던 것을 나름대로 객관적으로 정리해서 이메일로 보냈다.

11월 18일자 〈르 몽드〉에 게재된 랑 전 장관의 기고문의 논리는 이러했다.

(외규장각 의궤는) 한국으로서는 유일무이하고 근원적인 역사적 증거를 구성하고 있다. 이 의궤들은 1392년부터 1910년에 이르기까지 조선왕조 왕실의 의전과 예식 내용을 소상히 기록하고 있기 때문이다. 이 의궤들은 당대 최고의 서예가들이 세밀하게 기록한 문장과 정교한 그림으로 이루어져 있다. 이러한 서책 문화재는 동서양을 막론하고 전 세계 어디에서도 유사한 것을 찾아볼 수 없으며, 유네스코는 이 서책 문화재를 세계기록유산에 등재한 바 있다. 이 의궤들은 한국 역사와 문화 정체성의 중요한 근간을 이루고 있으며, 그런 의미에서 한국에게 있어 이 의궤들이 지니는 상징적 의미는 너무나 큰 것이다. (……)
한국 국민의 정신 속에 이 역사적 서책들이 차지하고 있는 중요성으로 미루어, 이 서책들은 현재 세계 도처에서 갈등의 대상이 되고 있는 여타 문화재들과는 결코 비교될 수 없는 특별한 지위를 가지고 있다. 이 경우는 일반적인 예술품 반환 문제와는 절대 비교될 수 없는 것이다."

그리고 랑 전 장관은 프랑스 언론과의 인터뷰를 통해 이번 외규장각 의궤 반환은 프랑스가 마땅히 해야 할 행위로서, 프랑스 모든 문화계 인사들이 우려하고 있는 문화재 반환의 선례가 아니라 분명하고 타당한 예외에 해당한다고 역설했다.

2011년 기자회견장에 모인 외규장각 의궤 반환의 은인들.
(오른쪽부터 뱅상 베르제 총장, 자크 랑 전 장관)

랑 전 장관은 개인적으로 한국을 좋아하기도 했다. 특히 담백하고 친환경적인 한국 음식을 아주 좋아했다. 비빔밥은 물론이고 조기찜이나 순두부, 우거지국 같은 전통 음식도 곧잘 먹었다. 한국이 조금만 가까웠더라면 수시로 오갔을 거라면서, 12시간 걸리는 비행을 힘들어하면서도 여러 번 한국을 방문했다.

그렇지만 랑 전 장관이 개인적으로 한국을 좋아해서 외규장각 의궤 반환에 앞장선 것은 결코 아니다. 랑 전 장관은 42세에 문화부 장관이 되어 획기적이다 싶을 정도로 새로운 문화 사업들을 연이어 추진하다 수없이 반대에 부딪혔고, 심지어 정신병자 취급까지 받았지만, 자신이 옳다고 믿는 것을 절대 포기한 적이 없는 사람이다. 랑 전 상관은 샹송 사무장과는 입장이 정반대였지만, 오로지 자신의 소신에 따라 행동한다는 점에서 그 신념은 일맥상통하는 것 같았다. 그 역시 프랑스를 이끄는 또 하나의 잠재력이라고 생각했다.

다른 곱슬머리 은인은 랑 전 장관과 가까운 사이이기도 한 파리 제7대학교 총장 뱅상 베르제이다. 파리 제7대학교는 프랑스에서 처음으로 한국학과를 설립한 대학으로, 동양어도서관이 따로 있어 한국 관련 서적도 많이 소장되어 있고, 본관 옥상에는 한국식 정원도 조성되어 있다.

파리 제7대학교 한국학과에는 테니스 선수 출신인 한국 남자와 결혼한 마틴 프로스트 교수가 있었는데, 한국학에 남다른 열정을 지닌 그녀의 끈질긴 권유로 베르제 총장은 뜻있는 프랑스 지식인들과 '외규장각 의궤 반환 지지 위원회'를 결성했다. 베르제 총장은 위원장 자격으로 마담 상송은 물론이고 여러 부처의 장관들이나 문화 분야 전문가들을 수시로 만나 이들을 설득하는 작업을 했다. 물론 자크 랑 전 장관과도 의기투합했다.

지성인의 개인적 사고를 각별히 존중하는 전통이 강한 프랑스 사회지만, 문화재를 반환해야 한다고 주장하면서 자국 내 주요 인사들을 부추기고 다니는 베르제 총장의 행동에 대한 프랑스인들의 반응은 그다지 긍정적이지 않았다. 특히, 프랑스국립도서관 관계자들을 비롯한 문화 분야 전문가들은 대학 총장이라는 사회적 지위에도 불구하고 '양심' 운운하면서 한국을 편드는 주장을 계속 제기하고 다니는 베르제 총장을 무척이나 못마땅하게 여겼다.

언젠가 프레데릭도 내게 한국이 최고의 대변인을 찾아낸

것 같다면서 약간 비꼰 적이 있었다. 한번은 베르제 총장에게 혹시 이런 여론이 신경 쓰이지 않는가 하고 묻기도 했는데, 그는 태연하게 반응했다.

"프랑스 사람들은 단점투성이입니다. 그런데 타의 추종을 불허하는 장점이 딱 하나 있습니다. 바로 남의 입장에 대해 절대 왈가왈부하지 않는다는 거지요. 참 편리하죠. 모두가 각자 자기 입장을 내세우는 겁니다. 그래서 드골 대통령도 치즈 종류만 해도 수백 가지인* 이런 나라를 통치하는 것이 쉽겠냐고 말했던 거 아니겠어요."

그렇게 타인의 눈총은 아랑곳하지 않고 베르제 총장은 꿋꿋하게 자신의 주장을 펴고 다녔다. 총장 취임 후 새롭게 추진하는 외국 대학과의 교류·협력 프로젝트로 인해 해외 출장이 잦았는데도, 자기가 만난 프랑스 인사들과의 면담 결과와 분위기를 꼭 나에게 전화로 알려주었다.

외규장각 의궤가 모두 한국으로 이관되고 난 뒤 베르제 총장은 몇몇 주요 인사를 저녁 식사에 초대했다. 그런데 식탁 한가운데에 길게 깔린 흰색 러너가 눈에 들어왔다. 모양이 특이해서 물어보니 자신이 한국에 다녀왔을 때 국립중앙박물관 기념품점에서 산 물건이라며 그걸 알아본 나의 눈썰미를 내심 반가워했다. 식탁을 장식하고 있던 러너의 정체는 의궤의 행차도를 양쪽 가장자리에 일렬로 찍어 넣은 긴 실크 스카프였다. 대학 총장이라는 사회적 지위에 따르는 막중한 의무와 바

• 실제로 프랑스에는 1년 365일 매일 다른 종류의 치즈를 먹을 수 있다고 말할 정도로 치즈 종류가 다양하다. 약 300가지 종류가 있으며, 1년에 프랑스 국민 1인당 치즈 소비량은 15kg 정도에 달한다고 한다.

쁜 일정에도 불구하고 저녁 식사 자리를 빛낼 수 있는 작은 상징을 마련한 세심함에 나는 감탄을 금치 못했다. 그래서 마음껏 감탄해주었다. 베르제 총장은 자신의 섬세한 배려를 진심으로 좋아하는 나를 보며 무척 기뻐했다.

훌륭한 리더는 사소한 것도 간과하지 않는다는 사실을 직접 확인한 나는 과연 존경받을 만한 사람이란 어떤 사람인지 잠시 생각해보았다. 소신이 있고, 소신을 따라가는 용기가 있고, 용기를 뒷받침하는 능력이 있고, 능력을 과시하지 않는 진중함이 있고, 진중하면서도 상대방을 배려할 줄 아는 사람, 나는 이 일을 하면서 이런 사람들을 만나는 행운을 누린 것에 새삼 감사했다.

랑 전 장관과 베르제 총장은 세대와 소속은 다르지만 '약탈한 문화재는 원소유국으로 돌려줘야 한다'는 동일한 이념과 열정을 가지고 우리를 도와주었다. 프랑스가 그 숱한 우여곡절 끝에 외규장각 의궤를 한국에 돌려주기로 마음먹은 데는 이 두 곱슬머리 은인의 역할이 컸다.

3년 반의 프랑스 근무를 마치고 귀국할 때, 언제나 기운이 넘치는 이 두 사람은 진심으로 나의 이임을 아쉬워했다. 베르제 총장은 요즘도 종종 이메일로 안부를 묻고, 당시 여름 휴가를 떠나 있던 랑 전 장관은 직접 전화를 걸어 작별 인사를 전하며 격려해주었다. 자크 랑 전 장관이 마지막으로 건넨 말이 아직도 귓가에 맴돈다.

"마담 유는 어마어마한 장점을 가진 사람이에요. 그리고 자신의 장점이 무엇인지 알고 있다고 생각해요. 사람은 말이죠, 자신의 장점을 아는 것이 세상을 사는 가장 큰 무기예요.

본 샹스Bonne chance!* 어디에 있든 행운을 빌어요!"

박병선 박사가 어렵게 찾아낸 외규장각 의궤, 그것을 돌려받기 위한 협상에만 꼬박 20년이 걸렸다. 많은 사람들이 이 일에 매달렸다가 좌절했다. 하지만 그리도 복잡하게 꼬여서 한 치 앞도 내다볼 수 없었던 난제도 결국 해결되었다. 고진감래라는 말은 바로 이럴 때 쓰는 말이 아니겠는가. 나는 진심으로 이 일에 전념했고, 소신 하나로 우리를 도운 귀인들도 만났다. 그들은 외규장각 의궤 귀환 역사의 한 페이지를 장식했고, 내 인생의 아주 중요한 한 페이지도 차지했다.

• '행운을 빈다'라는 의미로 영어의 'Good luck'처럼 쓰인다.

145년 만의 **귀환**

2011년 4월 13일, 외규장각 의궤가 처음 한국으로 떠나는 날이었다. 1866년 프랑스 함대가 강화도에서 약탈한 지 145년 만이었다. 박병선 박사가 프랑스국립도서관에서 찾아낸 지 36년 그리고 우리 정부가 프랑스 정부와 반환협상을 시작한 지 정확히 20년 만의 일이었다. 말 그대로 역사적인 날이 아닐 수 없었다.

그날 아침, 나는 서울에서 온 전화 한 통을 받았다. 〈김미화의 세계는 그리고 우리는〉이라는 라디오 프로그램에 출연해달라는 방송사 측의 요청이었다. 나는 흔쾌히 수락했다. 서울 시간으로 저녁 6시경에 방송되는 생방송 프로그램이었다.•

"내일은 외규장각 의궤가 145년 만에 드디어 고국의 품으로 돌아오는 날입니다. 프랑스 현지 시각으로 오늘, 이제 몇 시간 후면 파리에서 외규장각 의궤를 우리 항공기에 싣는다고 하는데요, 이 업무를 담당한 주프랑스 대사관의 유복렬 참사관을 파리 현지에서 연결합니다."

나는 김미화 앵커가 물어보는 다양하면서도 심도 있는 질

• 서울-파리 간에는 하절기 7시간, 동절기 8시간의 시차가 있다. 4월은 하절기에 해당하여 파리가 서울보다 7시간 늦다.

문에 내심 놀랐다. 공부를 많이 한 것이 느껴졌다. 반환협상에서 가장 힘들었던 것이 무엇이었으며 가장 큰 쟁점은 또 무엇이었는지, 대여라는 형식에 대한 국내의 우려가 큼에도 그렇게밖에 할 수 없었던 이유가 무엇인지, 20년 동안 제자리걸음을 했던 반환협상을 끝마친 의의가 무엇인지 등을 차례로 물어왔다. 나는 솔직하고 분명하게 각각의 질문에 답했다. 그리고 힘주어 말했다.

"프랑스 함대가 무력으로 약탈한 우리 문화재를 돌려받는데 정정당당한 '반환'이 아니라 '대여'의 형식을 취한 것을 두고 국민들이 걱정하는 것은 지극히 당연합니다. 그 부분에서 기대에 부응하지 못한 점을 무척 아쉽게 생각합니다. 하지만 이것은 문화재를 해외로 양도할 수 없도록 규정한 프랑스 국내법이라고 하는 도저히 넘을 수 없는 장애물을 우회하여 목적지에 도달하기 위해 어쩔 수 없이 택한 차선책입니다.

실제로 프랑스는 윤리적 차원에서 인간 유골을 반환한 사례 이외에는 자국이 소장한 문화재를 대가 없이 양도한 일이 단 한 번도 없습니다. 그런 상황에서 우리는 비록 5년 단위로 갱신되는 대여의 형식이기는 하지만 외규장각 의궤를 한국 땅에 가지고 오는 일이 무엇보다도 중요하다는 실리적인 판단을 내렸습니다. 프랑스국립도서관 책임자들이 이번 해결책이 대여의 탈을 쓴 명백한 반환이라며 탄원서를 내고 자국 정부를 비난한 것도 바로 이 때문입니다. 이번 방안이 국민들의 기대에 부응하는 최선의 해결책은 아니지만, 가장 효율적인 차선책이라는 신념에는 변함이 없습니다."

인터뷰는 15분가량 이어졌다. 김미화 앵커가 마지막 질문을 했다.

"참사관님, 지금 목소리에서 많이 흥분하신 게 느껴지는데요, 정말 감격스러우시겠어요. 오늘 직접 공항으로 나가보실 건가요?"

인터뷰가 끝나자마자 곧바로 공항으로 출발했다. '그동안 숱하게 공항을 왕복했지만, 외규장각 의궤를 배웅하기 위해 공항으로 가다니. 이런 날이 올 줄이야.' 정말이지 믿기지 않았다. 이 꿈만 같은 현실을 눈앞에 두고 설레고 두근거리는 마음을 좀처럼 가라앉힐 수 없었다.

나는 파리에 주재하는 우리나라 특파원*들과 공항에서 만나기로 약속되어 있었다. 우리는 공항 화물 탑재장 앞에 모였다. 저만치서 외규장각 의궤가 실린 화물 트럭이 서서히 들어왔다. 그런데 취재진이 보이자 트럭이 멈춰 서더니 누군가가 내렸다. 외규장각 의궤를 호위해서 서울까지 가기로 한 프랑스국립도서관 소속 학예연구사였다. 학예연구사는 우리 취재진을 보고는 당황한 기색으로 누군가와 계속해서 전화를 했다. 현재의 상황을 상송 사무장에게 알리고 있는 것이리라 짐작이 갔다. 그러더니 조금 후에 취재진을 향해 오케이 사인을 보내왔다. 우리 취재진은 외규장각 의궤를 담은 커다란 상자가 트럭에서 내려져 화물 탑재장으로 운반되는 장면을 모두 촬영했다.

취재진은 장소를 옮겨 파리 샤를드골공항의 터미널 바깥 한쪽에 자리를 잡았다. 외규장각 의궤를 담은 상자가 비행기

• 당시 파리에는 KBS, SBS, MBC, 연합뉴스, 조선일보, 동아일보, 중앙일보 특파원이 주재하고 있었고, 외규장각 의궤가 처음으로 한국으로 이송되는 장면을 촬영하기 위해 런던에 주재하고 있던 YTN 특파원이 파리로 출장 와 있었다.

로 옮겨져 실리는 광경을 한눈에 볼 수 있는 장소였다. 의궤를 싣고 갈 비행기를 배경으로 나는 취재진들 앞에서 인터뷰를 했다. 계속 두근대는 마음을 가라앉히려고 애써보았지만 헛일이었다. '하기야 이런 순간에 태연한 것이 오히려 이상하지 않겠는가. 그냥 있는 그대로 하자.' 나는 그렇게 마음먹었다. 그리고 구름에 붕 뜬 것 같은 기분으로 카메라 앞에 서서 떨리는 목소리로 취재진의 질문에 답했다.

화물이 모두 실리고 승객들이 모두 탄 뒤 이윽고 비행기가 서서히 움직이기 시작했다. 정말이지 꿈만 같았다. 나뿐만이 아니었다. 취재진도 모두 격앙된 분위기였다. 그렇게 외규장각 의궤를 실은 비행기는 고국을 향해 날아올랐다. 애타게 기다리고 있는 국민들의 품으로…….

프랑스 해군 병사들에게 약탈당해 오랜 세월 이국을 떠돌던 외규장각 의궤가 드디어 우리나라로 돌아가는 순간이었다. 숱한 우여곡절과 반복되는 좌절을 겪은 반환협상에 드디어 마침표가 찍히는 순간이었다.

비행기가 출발하고 나서도 우리는 자리를 뜨지 못했다. 내 가슴은 여전히 두근거리고 있었다. 드디어 해냈다는 뿌듯함보다는 무사히 보냈다는 안도감이 밀려왔다. 매번 힘들고 고달플 때마다 '비행기에 의궤를 실어 보내는 순간까지, 그 순간까지만 좀 더 힘써보자, 노력해보자' 하며 나 자신을 달래던 숱한 기억이 썰물처럼 내 머릿속에서 빠져나가는 것 같았다. 나 자신이 대견했다. 정열을 다 바쳐 일에 몰두했던 길고 힘든 여정의 종착점이었다. 기뻤다. 한없이 기뻤다. 이 순간만큼은 마음껏 기뻐하고 싶었다.

epilogue

의궤를 뒤로하고 길을 떠나다

둘째 딸은 한국으로 돌아와 난생처음 한국 초등학교에 다니면서 요리에 빠졌다. 얼굴이 전혀 딴판으로 생긴 외국인들 틈에서 학교를 다닌다는 건 엄청난 스트레스였음이 틀림없다. 게다가 온종일 잔소리를 해대는 프랑스 선생님까지 있었으니 어지간히 힘들었는가 보다. 한국이 최고란다.

'공부는 학교에서 하는 것'이라는 자기만의 철학을 고수하면서 어느새 〈개그콘서트〉를 흉내 내고, 싸이의 〈강남스타일〉을 따라하는 둘째에게는 방과 후 수업 프로그램인 요리 강습이 학교의 존재 이유다.

저녁 준비를 할 시간에 맞추느라 지하철에서 내려 헐레벌떡 집에 들어오는 내게 아이가 말한다.

"엄마, 오늘 좀 늦으셨네요. 저녁에 뭐 먹어요? 제가 도와드릴게요. 저는 세상에서 엄마가 만든 음식이 최고로 맛있어요!"

허겁지겁 옷을 갈아입는 나의 뒤를 졸졸 따라다니면서 리드미컬하게, 그것도 자기만의 깍듯한 존댓말로 아이가 던지는 한마디다. 아이는 자기가 하고 싶은 말, '늦게 들어온 엄마는 저녁 메뉴에 대한 아무런 대책이 없으며, 엄마 때문에 온 식구가 저녁을 늦게 먹게 생긴 데다, 자기는 엄마가 대충 뚝딱 만들어 차려주는 밥상에 길들여져 있다'는 메시지를 가장 '외교적인' 화법으로 내게 던지고 있는 것이다. 진정한 외교의

'달인'은 상대방의 기분을 상하지 않도록 하면서 자신의 품위 또한 그대로 유지한 채, 전하고 싶은 메시지를 확실히 전달하고, 리액션까지 얻어내는 사람이라고 엄마에게 한 수 가르치면서 말이다.

아침밥이고 숙제고 준비물이고 한번도 제대로 챙겨준 적이 없는 엄마가 자기들 인생에 크게 도움이 되지 않는다는 사실을 일찌감치 체득한 두 아이는 프로의 세계에서 동분서주하는 아마추어 엄마를 어떤 눈으로 바라볼까. 내 인생에서 가장 자신 없는 부분일지도 모른다. 엄마와 외교관, 양쪽 다 프로일 수는 없는 나의 삶은 오늘도 계속된다.

의궤들이 오랜 타향살이를 마치고 국립중앙박물관에 여장을 푸는 사이, 나는 외교통상부 본부에서 정신없이 1년 반을 보냈다. 대변인실에서 기자들의 취재 리듬에 맞춰 살면서 나 또한 마감시간에 쫓기고, 사건이 발생하면 부랴부랴 대응 방안을 준비하느라 이리저리 뛰어다니는 사이, 다음 부임지로 떠나야 할 시간이 다가왔다.

이번에는 어떤 곳이 어떤 사람들과 함께 기다리고 있을까. 나는 안다. 그 무엇도 기다리지 않는다는 사실을. 내가 그들을 찾아내는 것이다. 새로운 장소, 새로운 환경, 새로운 사람들, 그들은 숨겨진 보물 상자와도 같다. 내가 찾아내지 않으면 만날 수 없다. 막연한 기대와 설렘을 안고 나는 다시 길을 떠난다.

이 여정의 끝은 어디일까. 숨차게 달려온 호흡을 고르면서 자문해본다. 새로운 곳에 짐을 풀고 낯선 문화를 접하며 아직은 어리둥절하고 두근거리고 긴장되기도 한 날들이다. 과거 부임지의 기억으로 접어두기에는 가슴속에 너무나 깊이 각인된 프랑스와의 기나긴 줄다리기. 혼신의 힘을 다해 잡아당겼던 그 줄을 이제 놓으려 한다. 그리고 내 앞에 펼쳐진 또 다른 세상 속으로 걸음을 재촉해본다.

report

외규장각 의궤 반환협상 일지

1782년 2월
정조가 강화도에 외규장각 설치를 명함

1866년 10월
프랑스군이 강화도를 점령, 외규장각에서 의궤를 약탈

1894년-1896년
모리스 쿠랑, 외규장각 의궤에 대한 내용을 기록한 《한국서지》 집필

1975년
박병선 박사가 프랑스국립도서관 베르사유 별관 창고에서 외규장각 의궤를 발견

1978년 11월 28일
국내 언론을 통해 외규장각 의궤의 존재가 처음으로 알려짐

1991년 11월
한국 외무부, 프랑스 정부에 최초로 외규장각 의궤의 반환을 공식 요청

1993년 9월
서울에서 개최된 한국-프랑스 정상회담(김영삼-프랑수아 미테랑)에서 '교류와 대여' 원칙에 합의 프랑수아 미테랑 대통령이 의궤 한 권 《수빈휘경원원소도감의궤》을 전달, 이에 반발하여 프랑스국립도서관을 비롯한 문화 기관 직원들이 총파업 단행

1993년-1997년
양국 정부 간 수많은 실무 협상 진행 '등가등량'의 고서나 문화재를 요구한 프랑스 측의 거부로 협상 무산

1998년 4월
한국-프랑스 정상회담(김대중-자크 시라크)에서 양국 민간전문가를 협상대표로 임명하여 적절한 해결 방안을 정부에 건의하기로 합의

1998년-2001년
민간전문가 간 총 네 차례에 걸친 협상 진행

2001년 7월 25일
민간전문가 협상대표, 공동 합의문 채택 '교류와 대여' 원칙 속에서 의궤를 교류하는 방식에 합의 한국 국내에서는 인질을 내주는 격이라며 학계 및 여론이 반발, 결국 무산

2004년 9월
정부 간 협상 체제로 전환

2004년 12월
한국-프랑스 정상회담 노무현-자크 시라크 양국 정부 간 협상을 통해 합리적이고 현명한 해결책을 모색하기로 합의

2006년 9월
한국-프랑스 정상회담 노무현-자크 시라크 외규장각 의궤 문제 해결을 위해 양측이 모두 만족할 만한 방안을 모색하자는 입장을 재확인

2008년-2009년
협상 소강 상태

2010년 3월
한국 외교통상부, 주프랑스 한국대사관을 통해 비공식적으로 프랑스 측에 입장 전달 외규장각 의궤를 영구히 대여하고, 대신 한국 문화재를 프랑스 내에 전시하는 대안을 제시

2010년 5월
프랑스 외무부를 상대로 본격적인 협상 재개

2010년 11월 12일
한국-프랑스 정상회담 이명박-니콜라 사르코지 외규장각 의궤를 '5년 단위로 갱신되는 장기 대여' 형식으로 한국 측에 사실상 반환하기로 합의

2010년 11월 18일
프랑스국립도서관 직원들이 <리베라시옹>에 대통령 합의에 반대하는 탄원서를 발표, 동시에 반대 서명운동 전개

2011년 2월 7일
양국 정상 간 합의 이행을 위한 정부 간 합의 서명

2011년 3월 16일
외규장각 의궤 국내 이관을 위한 세부 사항 합의 서명

2011년 4월 13일
외규장각 의궤 이관 시작, 1차 반환분 프랑스 출발

2011년 5월 27일
외규장각 의궤 4차 반환, 이관 완료

돌아온 외규장각 의궤와 외교관 이야기
145년의 유랑, 20년의 협상

초판 1쇄 발행 2013년 8월 6일
초판 9쇄 발행 2023년 8월 1일

지은이	유복렬
펴낸이	김효형
펴낸곳	(주)눌와
등록번호	1999.7.26 제10-1795호
주소	서울시 마포구 월드컵북로16길 51, 2층
전화	02-3143-4633
팩스	02-3143-4631
페이스북	www.facebook.com/nulwabook
블로그	blog.naver.com/nulwa
전자우편	nulwa@naver.com
편집	김선미, 김지수, 임준호
디자인	엄희란
책임편집	김지수
표지·본문디자인	최혜진
제작진행	공간
인쇄	더블비
제본	대흥제책

ⓒ 유복렬, 2013

ISBN 978-89-90620-66-8 03910

책값은 뒤표지에 표시되어 있습니다.

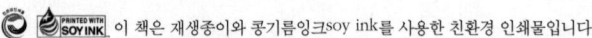 이 책은 재생종이와 콩기름잉크soy ink를 사용한 친환경 인쇄물입니다.